The Theory and Practice of
an English Learning Portfolio
Aiming to be an independent learner

英語学習ポートフォリオの理論と実践

自立した学習者をめざして

清田洋一［編］

はじめに

　授業で学ぶ英語の言葉は、生徒たちにとってどのような意味があるのでしょうか。それはテストのために覚えるべき英単語であったり、教師が設定したエッセイ・ライティングのキーワードとして、課題のための与えられた表現かもしれません。しかし、その英語の言葉と何度か出会ううちに、言葉にはその生徒の個人的なイメージやエピソードが付与されていきます。例えば、ocean という英単語から、夢中になって見た外国映画の大海原の1シーンを思い浮かべるかもしれません。また、passport という言葉から、初めて海外に向けて旅立った日のことを思い出すかもしれません。

　英語に限らず、外国語の学びは、その学習者にとって本来パーソナルな体験であるはずです。さらに、その学びがもし他者とのやりとりによるものとなれば、その言葉を口にする相手の思いや考えを受け止めて返答する過程で、その体験は学習者個人にとってより個人的な意味合いが強まるはずです。学校における英語学習には、学期や学年という「区切り」がありますが、学習者にとって言語体験は、個人の文化的な資産として「継続」しているものです。

　本書のテーマである英語学習ポートフォリオは、英語学習が学習者個人により身近なものになり、さらに自立的な学びへとつながることをめざしてチームで研究・開発を行ってきました。その過程で、ポートフォリオが支援ツールとして、生徒と教師、生徒同士、そして教師同士の「連携」を生むことも分かりました。本書は、これらの研究による知見をまとめ、ポートフォリオとは何か、その理念と、活用実践を紹介するものです。

　学校において新たな取り組みを行うことは、時に困難を伴います。特にそれが教科の方針転換を伴う場合はなおさらでしょう。より充実した英語の学びをめざして、現場の先生方や英語教育関係者が協同的に、本書を活用していただくことを願っています。

　　　　　　　　　　　　　　　　　　　　　　　　編者　清田洋一

目　次

はじめに　　i
序章　　vi

理論編　なぜ英語学習ポートフォリオが必要なのか ……………… 1

第 1 章　英語教育における授業設計の問題 …………………………… 2
- 1. 英語教育に関する調査　　2
- 2. 英語学習の枠組みを変える必要性　　6

第 2 章　学習ポートフォリオの可能性 ………………………………… 10
- 1. 学習ポートフォリオとはどのようなものか　　10
- 2. ヨーロッパ言語共通参照枠（CEFR）　　13
- 3. ヨーロッパ言語ポートフォリオ（ELP）　　17

第 3 章　Can-do リストという考え方 ………………………………… 24
- 1. Can-do リストの導入　　24
- 2. 各学校における Can-do リストの作成　　24
- 3. これまで開発された Can-do リスト　　25
- 4. Can-do リストを使った授業改善の可能性　　29
- 5. Can-do リストから英語学習ポートフォリオへ　　30

第 4 章　ポートフォリオで取り組む英語学習の観点 ………………… 32
- 1. 英語学習でポートフォリオを活用するために　　32
- 2. Communicative Language Teaching（CLT）の観点　　32
- 3. CLT を考える 8 つの観点　　33
- 4. 学習者の能力の見直し　　34
- 5. 教師の役割の転換　　49
- 6. 教師のポートフォリオ（J-POSTL）　　52

第 5 章　ポートフォリオで取り組む英語学習の方法 55
　▶ 1．学習方法の転換 ── 交流型の学びへ　55
　▶ 2．プロジェクト型学習　55
　▶ 3．プロジェクト型学習に必要な要素　57
　▶ 4．プロジェクト型学習の例　61

| 開発編 |　高校生用ポートフォリオの開発 69

第 1 章　英語学習ポートフォリオの開発 70
　▶ 1．My Learning Mate の開発　70
　▶ 2．ポートフォリオ（MLM）の構成　71
　▶ 3．教科書をもとにポートフォリオを作成する　77
　▶ 4．基本的な使用方法　85

第 2 章　英語学習ポートフォリオの試行的な取り組み 87
　▶ 1．高校での実践　87
　▶ 2．英語学習への意識の変化　92
　▶ 3．教師の変化　94

| 実践編 |　多様な学習環境での取り組み 97

第 1 章　教室を飛び出してモチベーションアップ
　　　　── 東京学芸大学附属竹早中学校での実践［松津英恵］................. 101
　▶ 1．学校の実態　102
　▶ 2．MLM 導入のねらい　102
　▶ 3．MLM の実践　106
　▶ 4．成果と課題　117

第 2 章　コミュニケーション活動で英語学習への姿勢改善を
　　　　── 蒲田女子高等学校での実践［木内美穂］.. 123
　▶ 1．学校の実態　124
　▶ 2．MLM 導入のねらい　124

iii

- ▶3. 1年目の取り組み　**125**
- ▶4. 2年目の取り組み　**133**
- ▶5. まとめ　**136**

第3章　生徒のゆるやかな学びの見える化
――群馬県立太田フレックス高等学校での実践［齋藤理一郎］.... **140**

- ▶1. 実践校・クラスの実態　**141**
- ▶2. MLM 活用授業の実践報告　**143**
- ▶3. まとめと今後の展望　**154**

第4章　授業を大胆に再構成
――川口市立県陽高等学校での実践［鶴田京子］.............................. **158**

- ▶1. 学校の実態　**159**
- ▶2. MLM 導入のねらい　**160**
- ▶3. MLM 導入の結果　**161**
- ▶4. 教師としての自分の変化／気づき　**172**
- ▶5. 課題　**174**

第5章　教師の自己成長のためのツール
――筑波大学附属坂戸高等学校での実践［福田美紀］.................... **175**

- ▶1. 学校の実態　**176**
- ▶2. MLM 導入のねらい　**177**
- ▶3. MLM 導入の結果　**178**
- ▶4. MLM の運用方法と今後の課題　**193**

| 作成編 | 使用する教材をもとにした作成方法　.. **197**

第1章　英語を学び続ける学習者の育成をめざして
――東京学芸大学附属竹早中学校での MLM 作成例［松津英恵］
.... **199**

- ▶1. MLM の構成　**199**
- ▶2. MLM および各項目作成における留意点　**199**

第 2 章 思考力・国際理解の姿勢を養う授業をめざして
―― 筑波大学附属坂戸高等学校での作成例［福田美紀］................ **209**

- ▶ 1. MLM の構成　　**209**
- ▶ 2. MLM の作成　　**209**
- ▶ 3. 授業設計と実践　　**212**

おわりに　　**224**
参考文献　　**226**
索引　　**231**
執筆者紹介　　**235**

序章

▶ 閉ざされた英語学習

　本来、言語の学びというものは、その言語を活用して、個人として社会でどのように生きていくのか、という学習者個人のニーズに直接的に関わるはずです。英語という外国語学習も例外ではなく、それぞれの生徒の将来のニーズや適性に還元できるものにすべきです。しかし、一般的に、日本の学校の英語学習は、生徒にとって定期考査や受験のための一教科として取り組まれ、個人のニーズに沿って社会で活用するコミュニケーション・ツールを身につけるための言語学習であるとは意識されていません。また、学年や学校という区切りで完結し、個人の学習の継続という視点も軽視されています。言い換えれば、社会に対して「閉ざされた英語学習」となっていて、学校を卒業後、一人の自立した個人として自分を取り巻くさまざまな世界に向き合うための学びという視点が欠けています。

　本書での英語学習の対象となる中学生や高校生が生活している日本社会は、グローバル化という、世界の多様な事象の影響の下にあります。本書では、それぞれの学習者がその状況を理解し、一人の市民として未来の選択を行うこと、このような学びにつながる英語学習が必要であると考えています。その観点から、本書で提案する「英語学習ポートフォリオ」は、「自立した個人として世界に向き合うこと」をめざしています。

　上記の「世界に向き合う」ことの中には、実社会の中で、「考え方の違う他者にきちんと向き合う」ことも含まれています。他者にきちんと向き合う重要さを認識し、その態度を育てることも、外国語学習の役目となります。例えば、SNS（Social Networking Service）を通じて、世界の人々との交流が簡単にできる状況がある一方、個人のレベルでは、匿名の立場で、他者の立場を顧みない、一方的な発言も多く見受けられます。インターネット上の例だけでなく、日常の社会生活でも、自分とは異なる考え方や価値観に対して、また社会的弱者や少数派に対して、ひどく排他的、

あるいは攻撃的な行動も報道されています。学校という場では、その行動が「いじめ」という形になることもあります。これらの現象は、必ずしも一部の限られた人々の状況というわけではなく、その背後にある日本の社会に広がる精神性の現れであると言えるでしょう。その意味で、本書は、以下の社会学の岸（2015）の状況認識に共感します。

> この社会にどうしても必要なのは、他者と出会うことの喜びを分かち合うことである。こう書くと、いかにもきれいごとで、どうしようもなく青臭いと思われるかもしれない。しかし私たちの社会は、すでにそうした冷笑的な態度が何の意味を持たないような、そうしているうちに手遅れになってしまうような、そんなところまできている。異なる存在とともに生きることの、そのままの価値を素朴に肯定することが、どうしても必要な状況なのである。

　岸（2015）は、社会学のテーマからさまざまな断片的な事柄を集めたこの書物の中で、「異なる存在と共に生きる」ことができない現代社会の閉塞的状況への危機感を提示しています。本書は、英語学習に漂う閉塞感に重なる点において、この危機意識を共有しています。「異なる存在とともに生きる」、つまり他者の多様性を認めるためのストラテジーを学ぶことは、本来、外国語学習が持っているはずの基本的な目標でもあります。
　そもそも、なぜ、私たちは外国語を学ぼうとするのでしょうか。その最も重要な原動力となるのは、未知の世界への好奇心ではないでしょうか。世界にはまだ自分の知らない事象がたくさん存在し、そのことを知りたいという欲求、また、自分たちの社会や文化とは異なる世界に生きている人々との交流への憧れなどが外国語学習の根本にあるはずです。近年、「グローバル人材の育成」という言葉をよく耳にします。しかし、英語学習の実態として、学校を出た後、「ビジネスなどで英語を使いこなす」という限られた実用面のみを意味していることが多いようです。本書が問題視しているのは、現在の学校における英語学習が、外国語学習が本来持っている「外国語学習を通して、世界を理解し、他文化と共存する能力を育

む」という基本的な課題を放棄、あるいは、無関心である状況です。

　現在の社会は、さまざまな局面で多様化、多文化化が進み、日本国内に居住していたとしても、私たちは国際社会の構成員の一人として、異なる文化的背景を持つ人々と協同しながら社会に参画していく必要があります。その際に必要とされる能力を養う機会を、英語学習は提供しなければなりません。

▶ 「つなぐ」仕掛けとしてポートフォリオ

　しかしながら、個々の教師がこのような現状を改善すべく、授業改善に取り組もうとしても、難しい現状があります。その理由は、さまざまな学校業務に追われる中、日々の授業がルーティン化しがちで、自分の英語の授業を日常的に検証する余裕がないからです。また、受験指導の名の下に、本来追求すべき英語学習について「思考停止」になっている場合もあります。その結果、英語学習が語彙や文法の暗記や英文解釈、あるいは音声教材の聞き取りなどの限られた技能練習にとどまり、生徒自身がそれまで身につけた知識や思考力にはつながらない「限定的な学習」となっているように思われます。

　このような日本の英語学習を見直すには、従来の学校という「教える側」からの枠組みにとらわれずに、学習者個人としての外国語学習の継続という「学ぶ側」の視点から見直す必要があります。本書では、英語という言語を使って、学習者が日常的に生活している社会と、その延長線上にある世界とどのように向き合うのかを具体的に考え、それに必要な能力を養う「仕掛け」として、英語学習ポートフォリオを提案します。

　また、教師と生徒の関係、教師同士の関係を「つなぐ仕掛け」としての役割も提案します。「閉ざされた英語学習」について触れましたが、この状況は、学校における英語学習の当事者にも当てはまると考えます。つまり、生徒と教師、生徒同士、さらには教師同士が効果的に支え合う関係性が構築できていない状況があるということです。生徒が学習に行き詰まった時、教師が自分の指導に限界を感じた時に、この状況は特に顕著に現れます。

本書の「実践編」では、中学校と高等学校において、英語学習ポートフォリオを使用したさまざまな実例を紹介しています。それは、「生徒同士」「生徒と教師」「教師同士」をつなぐ取り組みです。これらの実践をヒントとして、読者がそれぞれの学校現場における英語学習を再検討するきっかけとなることを望んでいます。

▶ **ポートフォリオとは**

　近年、英語学習に限らず、「ポートフォリオ」という用語はさまざまな学習の場面で耳にしますが、実際にポートフォリオを活用した英語学習の実践はそれほど一般的ではないようです。辞書の定義では、「紙挟み。書類を入れる折りかばん。ブリーフケース」（『精選版　日本国語大辞典』2006）とあり、その入れ物という定義が拡大して、その中身である書類そのものも指すようになりました。後で詳述しますが、ポートフォリオを学習の場面で使う場合は、「学習の結果や経過を記録した書類、または成果物」という意味で使われます。

　本書でも、このポートフォリオを、自分の英語学習を記録し、生涯学習的な観点から、その学習内容を自分自身で振り返るツールとして提案しています。しかし、ポートフォリオは、単なる記録媒体にとどまりません。英語という言語を使って、学習者が実社会とどのように向き合うのかを考え、その機会を与えるツールとしての役割を重視しています。それを実現するために、従来の「教師から生徒への知識の伝達」という一方的な流れを見直し、教師と学習者が連携してそれぞれの学習環境に適した英語学習へと改善できる方法も提案しています。

　また、教師が多忙で、十分に授業や生徒に対応する時間が持てないという状況の改善策として、生徒の実態に即して開発されたポートフォリオは、忙しさに流されてしまいがちな教師の日々の取り組みの柱となり、教師自身が考える望ましい授業の先導役となります。本書で扱う英語学習ポートフォリオの取り組みは、個々の教師の授業設計を実効的に支援する可能性があります。

▶ 本書の構成

本書では、まず「理論編」として、英語学習ポートフォリオの背景とその理念について解説し、さらに、英語学習ポートフォリオを実際に活用するために必要な視点について、「英語学習者の能力の見直し」「英語学習方法の転換」「英語教師の役割の転換」というテーマから解説します。

さらに「開発編」として、日本の（Super English Language High School（SELHi）などではない）一般的な学校での実例として、検定教科書をベースにした、英語学習ポートフォリオの開発例を提示します。

そして「実践編」として、その考え方に基づいた中学校と高校での実践を紹介します。本書で提案する英語学習ポートフォリオは、限られた学校における高い英語力の生徒を対象としたものではなく、あらゆる学校での取り組みが可能なものをめざしています。例えば、英語学習につまずいてその意欲を失っている学習者や、学習方法が確立していない学習者にも対応できることをめざしています。もちろん、充実した英語力を背景に、より発展的な学習活動をめざすことも可能です。「実践編」では、生徒の学力や進路先が異なる学校で、その実態に沿って開発された実例を示します。

最後に「作成編」として、「開発編」でのポートフォリオを参考にして、中学校と高校でそれぞれの学校の状況と教材を検討・分析して、独自にポートフォリオを作成した方法を報告しています。

読者は、「理論編」の理念と「開発編」の方法、「実践編」の多様な学校での実例、そして「作成編」の方法を参考に、それぞれの学校の状況に適した英語学習ポートフォリオを作成して、より充実した英語学習を構築していただきたいと思います。

理論編

なぜ英語学習ポートフォリオが必要なのか

第1章　英語学習における授業設計の問題

第2章　学習ポートフォリオの可能性

第3章　Can-do リストという考え方

第4章　ポートフォリオで取り組む英語学習の観点

第5章　ポートフォリオで取り組む英語学習の方法

英語教育における授業設計の問題

▶1. 英語教育に関する調査

英語学習ポートフォリオについて説明する前に、日本の中等教育の英語学習の実態を理解するための2つの調査結果について紹介します。1つは、文部科学省が高校3年生を対象に行った、「どのような英語学習に取り組んできたのか」という調査、もう1つは、ベネッセ教育総合研究所が英語教師を対象に行った調査です。

1.1 文部科学省の調査

まずは、平成26年に実施された文部科学省(以下、文科省)の調査について、そこで指摘された課題について触れたいと思います。この調査の目標は、「高校3年生を対象に、英語の4技能(聞くこと、話すこと、読むこと、書くこと)がバランスよく育成されているかという観点から、生徒の英語力を測定し、調査結果を学校での指導や生徒の学習状況の改善・充実に活用」することを目的に、全国の高校3年生約7万人(国公立約480校)、および調査校の教師を対象に行ったものです。

この調査で明らかになった課題は、「学習者の態度」「学習の実情」、そして「教師の指導」の3点です(文部科学省 2015)。

[学習者の態度]
- 英語が好きでない学習者が半数以上にのぼる(58%)。
    - ＊特にA1レベル(CEFRの初級レベル)において英語が好きでない学習者が多い(65%)。
- 半数近くが、英語という言語を実際に使うイメージを持っていない。
    - ＊「海外旅行などをするときに、英語で日常的な会話をし、コミュニケーションを楽しめるようになりたい」は比較的多い(36.7%)が、

その他は「特に学校の授業以外での利用を考えていない」(25%)、「大学入試に対応できる力をつけたい」(19.6%) となっている。

[学習の実情]
・聞いたり読んだりしたことについて、英語で話し合ったり意見交換をした経験が少ない。
・英語でスピーチやプレゼンテーションをした経験が少ない。
・聞いたり読んだりしたことについて、英語でその内容を書いてまとめたり、自分の考えを英語で書いたりした経験が少ない。
　＊英語を読んだり聞いたりして、概要や要点を捉える活動に関しては半数で（リーディング67.2％、リスニング58.2％）、発信的な活動に比べて割合が高い。

[教師の指導]
・技能統合型の言語活動（聞いたり読んだりしたことに基づき、情報や考えなどについて、話し合いや意見交換、および書く活動に関する指導）が少ない。
　＊スピーチやプレゼンテーション（28.0％）、および、ディベートやディスカッション（6.9％）を行っている教員が非常に少ない。

　この調査から、全体的な傾向として、英語学習に対する否定的な態度の高さ、英語を将来実際に使用するイメージの低さ、また、学習活動として、英語で自分の思いや意見を表現する活動が十分でないことが分かります。意見交換や自分の考えを深める機会が少ないことは、学習が受容面に偏ったものになっていることを示しています。次に挙げるベネッセ教育総合研究所の調査から、このような状況に教師がどのような意識を持っているのかが理解できます。

1.2　ベネッセ教育総合研究所の調査

　前述の文科省の調査結果は、ベネッセ教育総合研究所が、2015年に中

高生の英語教員に対してその指導の実態について調査した結果に重なります（ベネッセ教育総合研究所 2015）。

教員に対して、授業中の指導方法を質問した結果では、「音読」「発音練習」「文法の説明」などが、9割（「よく行う」+「ときどき行う」、以下同様）を超え、音声を中心とした指導や文法指導が多いことが判明しました。それに対して、「即興で自分のことや気持ちや考えを英語で話す」「英語で教科書本文の要約を話す」「英語で教科書本文の要約を書く」などの「話す」「書く」活動の実施率は低いことが分かりました。この結果は、文科省の調査と同じ傾向を示しています（以下の表は、ベネッセ教育総合研究所の調査結果をもとに筆者が作成）。

表1.1　英語の指導において重要な項目と実際のギャップ

	A.指導において重要だと思うこと	B.実際にその項目を実行しているか	A.とB.の差
「生徒が自分の考えを英語で表現する機会を作る」	中学：82.3%	中学：19.2%	63.1%
	高校：66.8%	高校：9.9%	56.9%

さらに、「指導において重要だと思うこと」と、実際にその項目を実行しているかについての質問をしたところ、「生徒が自分の考えを英語で表現する機会を作る」を重要視しているものの、実際にはあまり取り組んでいない結果となっていました。

「生徒が自分の考えを英語で表現する機会を作る」とは、自己表現能力の向上をめざした英語学習であり、本来なら、外国語学習において最も基本的な活動とも言えるでしょう。しかし、その重要性の認識と、それを実行しているかどうかという認識には、中学校と高校の教師共に、約50〜60%の大きな差がありました。このデータは、教師が「英語教育において重要だと思うこと」が、実際は十分に実施できていない状況を示しています。つまり、自分の思い通りの授業設計ができていないということです。

1.3 調査結果から見えてくる課題

　文科省の調査の「聞いたり読んだりしたことについて、英語で話し合ったり意見交換をした経験」が少ないことも、「生徒が自分の考えを英語で表現する」ことに重なります。文科省の調査では、「英語を勉強する上で大切なこと」への質問項目はありませんが、教師自身も、自分の授業が「読む」「聞く」という活動に比べ、「生徒が自分の考えを英語で表現する」活動が少ないということは実感として感じているはずです。

　文科省の調査では、課題の改善策として、次のような方向性を示しています。

　　日々の授業において、生徒が英語の基礎的・基本的な知識・技能を活用し、幅広い話題について発表・討論・交渉などを行う言語活動を豊富に経験することで、情報や考えなどを的確に理解したり適切に伝えたりし、互いに学び合う意識を高め、コミュニケーション能力を向上させていく必要がある。そのため、スピーチ、プレゼンテーション、ディベート、ディスカッションなどの言語活動を通して自ら課題を発見し、生徒が主体性を持って他者と協働し、思考力・判断力・表現力等を身に付ける学習・指導方法（アクティブ・ラーニング）を充実させることが求められる。（文部科学省 2015）

　ここでは、「スピーチ、プレゼンテーション、ディベート、ディスカッションなどの言語活動を通して自ら課題を発見し、生徒が主体性を持って他者と協働し、思考力・判断力・表現力等を身に付ける学習・指導方法（アクティブ・ラーニング）を充実させる」という提案はなされているものの、各学校で実際に取り組むには、具体的な計画が必要となり、それは容易なことではありません。

　前述した2つの調査結果は、やはり、現状の英語学習の改善の必要性を示しています。効果的な授業改善を行うためには、やはり教師自身が、自分の担当する授業の改善すべき課題を実感として認識・分析し、それに基づいて意識的に授業を設計できるようにならなければなりません。そし

て、その授業改善の取り組みにおいて、学習者自身も自分に適した学習を理解して、継続的に取り組んでいくことが「主体的な学び」となるはずです。本書で提案する英語学習ポートフォリオは、教師自身がそれぞれの学校の環境に適した授業設計ができるように、具体的な形で支援することをめざしています。次の **2.** では、本節で触れた英語学習の現状を踏まえて、本書が考える英語学習の方向性について解説します。

▶2. 英語学習の枠組みを変える必要性

　一般的に日本の学校の英語学習は、共通の検定教科書を使用して必要な語彙や文法の知識を身につけ、それを応用して「聞く」や「話す」などの技能を習得することをめざしてきました。必要な英語の語彙や文法の知識の習得をめざす過程で、定期試験を学習の節目として、学年やクラスという単位で、生徒が同じゴールに向かって、同じペースで学習を行うことが一般的です。しかし、英語学習の現状を改善するには、その常識を検証する必要があるのではないでしょうか。

2.1 英語学習における「疎外感」

　近年、大学教育における基礎学力の不足が問題視され、各大学は入学前教育や初年次教育という形式で、大学生の基礎力の充実を図っています。英語教育も例外ではなく、中学や高校での英語学習が不十分なまま大学に入学し、意欲的に学習に取り組むことができない実態もあります。筆者は大学生の英語のリメディアル教育研究で、多くの英語のリメディアル教育の対象者に対して、中学の段階で授業が分からなくなり、学校での集団の学習についていけなくなる過程を調査しました（清田 2010）。その際の聞き取り調査では、一度学習につまずくと、分からなくなる前に戻ってやり直すことができなかったと、多くの学生が述べていました。その理由として、理解が不十分な状態でクラスの学習が進んでしまい、分からないことやできないことを教師に相談する機会や、生徒同士が教え合う機会がなかったことを挙げていました。中学の段階で英語学習がうまくいかなくなると、教室にいること自体が苦痛になって、授業中、疎外感を感じていた

と答える学生も少なくありませんでした。その疎外感を解消するために、英語ができない者同士が集まって、教師に反抗的になっていたとコメントするケースもありました。これは、学校における英語の集団的な学習が、個別の学習者のつまずきに対応できていないことを示しています。

英語学習の見直しを考えるには、これまでの学校の学び全体の枠組みから考える必要があるのではないでしょうか。学校における学びに関して、秋田（2012）は次のように解説しています。

> 公教育としてのフォーマルな学びの場では、すべての子どもたちが、市民として必要な基本的知識や技能、道徳性や倫理観、その社会の文化的教養と資質を習得すること、卒業後もいつでもどこでも課題解決に使える知識や技能を育て、自らの進路やキャリアを見出して自己のアイデンティティを形成していくことが求められる。このために、子どもたちの日常生活の具体的な文脈とはすぐに直結しないように見える内容や、抽象性の高い概念、一般的な原理を学ぶことが求められる。

また、日本のフォーマルな学びの場としての学校教育は「効率的で効果的な教育をめざす近代学校教育の強みであった」としながら、一方で、「子どもたちが前の学年の自分の学習とのつながりを確かめながら学ぶことよりも、また生徒一人ひとりの固有性や発想という著者性を生かして他者とともにつながって学び合うことよりも、学びの場における疎外感や孤立感を生み出しやすい状況をもたらしてきた」と指摘しています（秋田 2012）。

学校は基本的に集団で学習するのが前提なので、集団の効率性が求められるのは自然なことでしょう。しかしそのために、あまりに個別の学習への配慮が軽視されると、「疎外感や孤立感」につながってしまうことがあります。前述した英語のリメディアル教育の状況は、この観点からの支援が必要なことを示唆しています。集団の学習と個人の学習は、対立項目ではありません。学校の集団的な学習は、基本的には学習者それぞれの学習

に還元していくべきものです。

　英語という言語学習も、本来は将来の自分の生活に関連させて、学習者個人のニーズに沿って、自分に適したペースで行うべきものです。その意味で、集団学習の効率性という同じゴールに向かって、同じペースで学習を行うという、これまでの学習の常識について、個人の学習の継続という観点から見直す必要があります。

2.2　学びの結果から学びのプロセスへ

　一般的に、教師から与えられる知識を効率的に身につけることが、学校における学びと考えられてきた傾向があります。しかし、そのような学びが必ずしもうまくいかない現状で、効率性に対する思い込みを見直す必要があるのではないでしょうか。

　知識の一方的な伝授ではなく、体験としての学びを可能にする学習方法として、ワークショップがあります。ワークショップは基本的に体験的学びとなり、その観点から、学校における学びを問い直す試みもあります。

　現代における学びを、ワークショップという観点から再検討した苅宿・佐伯・高木編（2012）の中に、次のようなコメントがあります。

　　　わたしたちがいつのまにか身に付けてしまっている「まなびの型」の最大のものは、「学校教育」への過剰反応である。たとえば知識は「与えられて」得るものだと思い込まされていないだろうか。あるいは、勉強は「遊び」の反対語だと見なしてはいないだろうか。人が何をどう学ぶかについてはどこかで「きまっている」ことだとしていないだろうか。あるいは、学んだ結果はかならず「評価」されるものだとみなし、その「評価」を高めるための努力が「勉強」だと思い込んでいないだろうか。

　この考えに沿って現在の英語学習を考えると、学校という枠の中で、教師が提供する学習目標に沿って、試験という形式でよい「評価」を得るために「勉強」することが常識となっています。しかし、英語学習を、学習

者それぞれが将来の社会の中で、未知の人間関係や文化を理解し、対応するための学習と考えるなら、上記のような学習では対応できないでしょう。苅宿・佐伯・高木編（2012）は、「まなびをゴールとの関係からではなく、<u>不確定の未来に向かう変化のプロセス</u>として捉える」（下線筆者）必要性を主張しています。

「変化のプロセス」とは、学校という集団学習の場で発生する出来事を触媒として、個人としての学習が変化していく過程とも言い換えられるでしょう。このような学びの視点からは、学習の結果だけでなく、どのように学んでいくのかという学習の体験自体が重要となってきます。そして、その視点を生かすには、従来の教師の役割も見直す必要があります。これまでは、学校という制度の中で、完成された知識や法則を生徒に当たり前のように「伝達」するのが中心的役割だったのが、授業という場で発生する出来事や、生徒や自身の変化を観察しながら、生徒と共に学びを構築していくという役割になります。このような学校と学びについての問題意識を、英語学習においても反映させる必要があります。

英語学習ポートフォリオは、学習者自身が自分の学びの過程を振り返り、その過程で気づいた事柄を記録することで、自分自身が変化する過程を可視化する機会を与えます。

第2章 学習ポートフォリオの可能性

▶1. 学習ポートフォリオとはどのようなものか

　ポートフォリオとは、もともと「書類入れ」という意味ですが、そこから派生し、「目的に沿って、必要な情報を記録したり、関連する資料を保存するためのもの」と定義されます。教育分野でのポートフォリオは、教師が自分の指導に活用する指導ポートフォリオ（teaching portfolio）と、生徒が自分の学習に活用する学習ポートフォリオ（learning portfolio）の2つに大別されます。

　例えば、学習ポートフォリオに関する文科省の考えは、以下のように示されています（文部科学省 2008）。

> 　学生が、学習過程ならびに各種の学習成果（例えば、学習目標・学習計画表とチェックシート、課題達成のために収集した資料や遂行状況、レポート、成績単位取得表など）を長期にわたって収集したもの。それらを必要に応じて系統的に選択し、学習過程を含めて到達度を評価し、次に取り組むべき課題をみつけてステップアップを図っていくことを目的とする。従来の到達度評価では測定できない個人能力の質的評価を行うことが意図されているとともに、教員や大学が、組織としての教育の成果を評価する場合にも利用される。

　この「従来の到達度評価では測定できない個人能力の質的評価」という記述は、これまでテストのみで行ってきた評価を、学習者のさまざまな学習の記録を活用して、個人としてのさまざまな要素を考慮したものへと変える方向性を示しています。このように、ポートフォリオは、集団から個人の学習者に焦点を当てるきっかけを提供できるツールとなる可能性があります。

1.1　学習ポートフォリオの基本構成

英語学習のポートフォリオについて言及する前に、まず学習ポートフォリオの基本的な枠組みについて解説します。

Zubizarreta（2009）は、学習ポートフォリオの基本構成として、3つの要素と7つの項目を挙げています。3要素とは、Reflection（自己省察）、Documentation・Evidence（文書化・根拠資料）、Collaboration・Mentoring（共同作業・メンタリング）となります。この3つが統合的に組み合うことによって、学習が形成されるとしています。

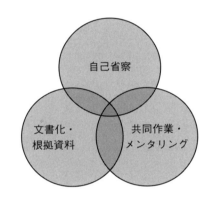

自己省察＋文書化＋メンタリング＝学習

図 2.1　Zubizarreta（2009）による学習ポートフォリオのモデル

「自己省察」では、学生は授業に対して「なぜ学ぶのか」、「どのように学ぶのか」、「将来にどう活かすのか」などを考える必要があります。「文書化・根拠資料」とは、授業資料やレポート、テストなどのことです。「共同作業・メンタリング」とは、同級生同士や下級生と上級生、学生と教員による共同作業のことを指します。このモデルは、「学び」という行為が「なぜ、どのように学ぶのかを考える省察」と「考える際に必要な資料」、さらに「クラスメイトや教員と協同した取り組み」から成り立つとして、学習ポートフォリオの基本要素を示しています。

学習ポートフォリオというと、「学習記録」「資料」などが注目されますが、個人的な取り組みだけではなく、「クラスメイトや教員と協同した取り組み」を行うという、学習者同士、あるいは教師と学習者との連携という要素もあることに注目すべきでしょう。

Zubizarreta（2009）は、ポートフォリオの構成要素として、さらに7つの項目を提示しています。

(1) 学習への省察（Reflections on Learning）：学習理念、学習の意味、学習の価値、学習過程、学習方法などについての内省的な記述。何を、どのように、いつ、なぜ、学ぶのか。
(2) 学習業績（Achievements in Learning）：レジュメや成績証明書、表彰の経験、インターンシップなどの学業における達成度を証明するもの。これまでの学びで何を達成できたのか。
(3) 学習証拠（Evidence of Learning）：研究論文、フィールドワークのレポート、創造的な展示物、活動など。自分の学びを実証するためにどのような成果があるのか。
(4) 学習評価（Assessment of Learning）：教師からのコメント、テストの結果、実験の考察、研究プロジェクトの結果など。自分の学びに対してどのような評価の測定方法があるのか。
(5) 学習の関連づけ（Relevance of Learning）：学習の具体的な応用方法、学習の個人的／職業的な分野への関連、倫理的／道徳的成長、学びの効果的な価値など。自分の学びが実生活にどのような影響をもたらしたのか。
(6) 学習目標（Learning Goals）：学びを将来の職業などにつなげるために、どのように発展させていくかという計画。自分の学びをどのように継続させていくのか。
(7) 付録（Appendices）：関連資料。ポートフォリオで、自分の省察と自己評価とを、それを証明する資料にどのように関連づけてまとめてきたのか。

学期ごとの定期考査の結果を目標とした学習では、学習は狭い範囲に限定されて、自己評価も成績という試験結果の範囲にとどまってしまいます。学習者個人にとって、学習がどのような意味を持ち、それをこれからどのように生かしていくのかを考える機会を、十分に提供することができません。しかし、上記の「学習への省察」から始まり、「学習評価」「学習の関連づけ」「学習目標」へと至る学習ポートフォリオの観点は、学習を短期的な結果から考えるのではなく、学習のプロセス全体を通して、個人が自らの学習の意味や価値を考える重要性を提示しています。試験の結果についても、それがすべてになるのではなく、「学習証拠」の1つとして、学習のプロセス全体の一部として捉えられています。学習ポートフォリオにおいて重要なのは、この学習のプロセス全体から、自分の学習の意味や価値を考え、将来的にどのように発展させていくのかを考える視点です。

1.2 外国語学習ポートフォリオ

学習ポートフォリオを英語などの外国語学習に応用したものが、外国語（英語）学習ポートフォリオとなります。文科省の調査でも指摘されていたように、現在の英語学習は、学校での学習という枠の中にとどまり、将来社会に出た後、実際に英語を活用していくという意識が十分ではありません。つまり、「英語学習者から英語使用者へ」という視点が欠けていました。前述したように、学習者が自分の英語学習を「将来の使用者」という観点から捉えて、自律的に英語学習に向かう能力は、確かに将来の英語使用者になるために基本的な能力の1つと言えるでしょう。外国語学習ポートフォリオの重要な観点は、この英語学習者から英語使用者へという意識を育てることにあります。

▶2. ヨーロッパ言語共通参照枠（CEFR）

「使える英語教育」が進まない現状の打開策として、文科省も、英語の実践的な技能を各学校での到達目標として示したCan-doリストの導入を促進しています。文科省の「各中・高等学校の外国語教育における『Can-doリスト』の形での学習到達目標のための手引き」では、卒業時の学習

到達目標設定を、「生徒の学習の状況や地域の実態等を踏まえた上で、卒業時の学習到達目標を言語を用いて「〜することができる」という形で設定」すると解説しています。Can-do リストについては次章で詳しく解説しますが、日本の英語教育において、Can-do リストという考えが広まった背景には、欧州評議会が開発した「ヨーロッパ言語共通参照枠」(CEFR)という言語教育の共通枠の取り組みがあります。

2.1 ヨーロッパ言語共通参照枠と Can-do リスト

　言語の学習における Can-do リスト形式の目標設定は、社会生活における言語の機能に焦点を当てた考え方で、本書で提案するポートフォリオにおいても、重要な構成要素の１つとなっています。言語学習の習熟度レベルの観点から、Can-do リスト形式の目標設定という考え方を導入したのが「ヨーロッパ言語共通参照枠」です。この参照枠は、通称 CEFR と呼ばれ、正式名称は、「外国語の学習、教授、評価のためのヨーロッパ共通参照枠」(*Common European Framework of Reference for Languages: Learning, teaching, assessment*) と言います。CEFR は、欧州評議会 (Council of Europe) によって開発されました。欧州評議会は、共通の政策や法的拘束力を持つ欧州連合 (European Union) とは違った組織で、人権、民主主義、法の支配、文化に関わる分野で国際的な基準策定を主導する汎欧州の国際機関です。

　CEFR は、ヨーロッパ各国の言語教育の改善をめざして開発されました。言語は使用することを前提として学習するべきであるという行動志向の言語観に立ち、外国語を使ってできる具体的な項目を中心として、学習者が自律的な学習を生涯にわたり継続することを奨励しています。

　この考えは、学習者を自立した個人として社会において行動する「社会的行為者」(social agent) と見なし、そのために必要な能力を学ぶことを重視しています。

　この「学習者を社会的行為者 (social agent) と見なす」考え方は、日本の学校における英語学習が、一般的に教科としての学習にとどまって、実際に使用する外国語学習となっていない現状を改善する上で、重要な示

唆を含んでいます。

　また、CEFRの基本的な理念に、ヨーロッパにおける複数の言語と文化の共生をめざした考え方である複言語、複文化主義があります。日本においては、言語学習の習熟度のレベルという観点が強調されますが、この「複数の言語と文化の共生」という考え方は、本書で追求する「英語教育における他文化との共生という観点」のモデルの1つとなっています。

2.2 CEFRの構成

　本書が提案する英語学習ポートフォリオも、言語学習者を社会的行為者（social agent）として考え、生涯学習として継続的に取り組むことを重要視することから、CEFRを源泉とするヨーロッパ言語ポートフォリオ（European Language Portfolio, 以下ELP）から多くの示唆を得ています《➡本章3.参照》。しかし日本では、CEFRの情報がその習熟度のレベルに偏っているため、その理念も含めたCEFRの全体像をある程度把握しておく必要があります。

　CEFRでは、まず第1章において、CEFRが生まれた政治的および教育的背景を解説しています。第2章では、その理論的背景として、言語教育における行動中心的な考え方を解説しています。第3章では、共通参照レベルの記述文について、その基準をどのように設定したのかについて解説しています。ここまでは、CEFRの概念的な記述となっています。

　そして、第4章と第5章では、言語使用と言語使用者について詳しいカテゴリーを示して、解説しています。例えば第4章では、言語使用のコンテクスト、コミュニケーション活動のテーマ、目的などを示し、それを手がかりとして、教育現場の関係者がそれぞれの実態に沿って自分たちが担当している学習者の目標として、言語使用を考えることができることをめざしています。このうち言語活動については、口頭での表現か記述的表現か、またはやりとりを伴うものかに分けて、A1からC2までの6段階の参照レベルを設定しています。第5章では、言語使用者／学習者のコミュニケーション能力を、その技能を示す記述文を使い、A1からC2の6段階で記述しています。つまり、ヨーロッパ社会における言語使用

の行動基準となっています。この点が日本の英語教育でよく言及されるCan-doリストの源泉となっています。しかし、日本にはこの「言語使用の行動基準」がなく、そのことが、日本の英語教育の文脈に適したCan-doリストを作成する際の課題となっています。

また、第6章と第7章では、CEFRを活用した言語学習と言語教育について言及し、学習者の学習過程や手順について、さらに教師などの教育関係者の役割について解説しています。第8章では言語の多様性とカリキュラム、第9章では、評価に言及しています。

前述したように、CEFRは「複言語」「複文化」をその基本的な理念としていますが、第4章の冒頭では言語学習者について以下のように言及しています。

> 言語学習者は、複言語使用者（plurilingual）となり、異文化適応（interculturality）を伸ばすのである。それぞれの言語や文化を身につける能力は、他の言語の知識によって変化を受け、異文化に対する認識、技能、ノウ・ハウを習得する上で助けとなる。また、それらの能力によって個人個人が豊かで、より複合的な個性を身につけ、その言語学習能力もより強化され、新しい文化を体験できるようになる。
> （Council of Europe 2004）

つまり、言語学習と異文化適応能力は互いに補完的で、言語学習能力の強化に役立つことを述べています。CEFRの開発された重要な意義の1つとして、欧州評議会言語政策部プログラム顧問のベアコ（2015）は、言語学習能力における複言語・複文化能力面の意義を挙げて、CEFRの考え方を単に技能面に限定して活用することを批判しています。

> その意義は、複言語・複文化能力に関係する。複言語・複文化能力とは、複数の言語をさまざまなレベルで習得し、複数の文化をさまざまなレベルで経験をした個人が、その言語文化資本全体を管理することによって、言語によるコミュニケーションや文化的なインタラク

ションを行う能力のことである。この能力は、個々の技能の積み重ねや並列という考え方ではなく、多元的で、複雑で、不均質で異質なものから構成された1つの能力という考え方に基づいている。

　ベアコ（2015）は、この複言語・複文化能力は、社会的行為者として自由に使える1つの能力であるとしています。多言語能力が、ある地域において複数の言語が使用される状況を示すのに対して、複言語・複文化能力は、個人の内部における複数の言語の存在を指します。ヨーロッパという多民族的な地域の平和的共存を志向する上で、個人が自国の言語のみを使用するのではなく、複数の言語を使用できるようになることは、重要な課題となっています。

　この「言語文化資本」とは、言語に関わる文化的所産の意味で、いわゆる経済的資本と比較して使われる用語です。つまり、社会において複数の言語を使用する個人にとって、言語は、例えば場に応じた行動ができたり、それぞれの文化の豊かさを理解できたりする能力という意味です。

　さらに、CEFRの自律的な学習を生涯にわたり継続する言語学習の考えを実現するために、欧州評議会は、学習者の個人的なツールとして「ヨーロッパ言語ポートフォリオ」を完成させました。これも、CEFRの「複言語・複文化能力」という基本理念に基づいて、ヨーロッパにおける言語学習を促進するポートフォリオの実践ツールとなっています。

▶3. ヨーロッパ言語ポートフォリオ（ELP）

　「ヨーロッパ言語ポートフォリオ」（European Language Portfolio, 以下 ELP）は、CEFRを開発した欧州評議会の言語政策部門で開発されました。その目的は以下の2点です。

- 学習者の自律性、複言語主義、異文化理解への意識と能力向上を支援すること
- 学習者が自分の学習を省察し、より充実した学習を行うために、その言語学習における達成度とその学習体験を記録すること

また、CEFR には、ELP の機能について次のように記述されています（Council of Europe 2004）。

> ELP を使えば、広い意味での言語のあらゆる種類の<u>学習体験を自己報告する</u>ことで、学習者の複言語的な<u>能力発達の道程を記録にとどめる</u>ことができる。これがなければそれらの言語能力や言語学習体験は証明もされなければ認知もされずに終わってしまうだろう。（下線筆者）

言語学習ポートフォリオにおける基本的な要素として、「学習体験を自己報告する」こと、および「能力発達の道程を記録にとどめる」ことが挙げられます。自己報告とは、学習者自身が自分の学習体験を振り返り、考察することを示しています。また、「能力発達の道程」とは、結果だけでなく、そのプロセスを重視していることを示しています。

3.1 ELP の3つの構成要素

ELP は、CEFR に準拠した、生涯学習としての言語学習に関する個人の記録であり、具体的な構成は次の3つとなります。

・言語パスポート（language passport）
・言語学習記録（language biography）
・資料集（dossier）

「言語パスポート」では、CEFR の6段階のレベルに準拠して、Can-do リストの形式で自分の外国語能力を判断します。CEFR は、ヨーロッパ内のどの地域でも、言語能力の基準を判断することができます。そのため、CEFR に準拠した ELP も同様に、どの地域でも、その能力の判断が可能です。

「言語学習記録」では、学習目標を設定し、それを自己評価します。例えば15歳以上を対象としたバージョンでは、「聞くこと（listening）」「読

むこと（reading）」「話し言葉のやり取り（spoken interaction）」「話し言葉の表現（spoken production）」「書くこと（writing）」という5つの技能に分類され、ジュニア版では、「私が英語でできること」として、リスニング、スピーキング、リーディング、ライティング、異文化理解の項目を示しています。

「資料集」では、外国語を使って作った作品や課題などを示すところとなっています。学習成果など、さまざまな関連資料を記録、保管します。ここでまとめる内容として「トピック、技能、活動」別の記録、その具体例として「歌や詩のリスト、読んだ物語、出会った人、メール」などが示されています。

この「資料集」という考え方は、ポートフォリオの項目の中でも理解しにくい項目です。例えば、日本の英語学習の例を参考に考えてみましょう。次ページの写真は、横須賀学院小学校の英語学習の取り組みで、児童が日本の四季と食べ物をテーマに取り組んだ際の作品です。5年生が4人で1つのグループを作り、グループごとにポスターを作って、海外の学校へ送りました。

具体的には、トルコ、イタリア（ヴェネツィア）、スペイン（カタルーニャ）、ポーランドに日本を加えた5つの国で、お互いの国や文化を紹介するプロジェクトで、以下の活動を行っています。

(1) 各グループで何を紹介したいのか決める
(2) 情報を調べて英語でポスターにまとめる
(3) ポスターを使って英語でビデオレターを作る
(4) ビデオレターといっしょに相手校へ送る

写真2.1は、その際の日本を紹介するポスターです。このような成果物や資料をまとめて、そのトピックごとに整理すれば、学習者が自分の英語学習のプロセスを振り返り、どのように学んできたのかを実感することができます。

理論編

写真 2.1　横須賀学院小学校の英語学習の作品

　ELP は、ヨーロッパのどの地域においても、またどの年齢段階においても、個人の外国語学習の継続性が保たれるように図られた、生涯学習の観点から作成された言語学習の支援ツールです。ELP は個人の学習者の外国語学習の継続性を考える上で重要な視点を提供しており、その基本理念や構成は、日本の外国語学習の現場にも応用可能であると考えられます。

3.2　ELP における学習者の自律性

　本書の提唱する英語学習ポートフォリオも、その基本的な構成や理念を開発するにあたり、ELP から多くの示唆を得ています。その最も中心的な考え方が、「学習者の自律性」(learner autonomy) です。ただし、ポートフォリオに学習の記録を書くだけで自律性が育成されるわけではなく、言語学習ポートフォリオを効果的に活用するためには、その活用方法が重

要となります。ここでは、ELP の中心的な編者である David Little の記述を中心に考えてみましょう。

　Little（2006）は、ELP における自律的な学習能力の伸長の原則について、次のように提示しています。

- 学習者の参加（learner involvement）：学習プロセスにおいて責任を分かち合うこと（情緒的と認知的の側面）
- 学習者の省察（learner reflection）：学習者が自分の学習を計画し、それを観察し、評価することを支援すること（認知的側面）
- 適切な目標言語の使用（appropriate target language use）：言語学習の基本的なやりとりに目標言語を使用すること（コミュニカティブおよび認知的側面）

　上記の3つの観点を踏まえた学習の取り組みが重要となります《➡「理論編」第4章参照》。

　また Little（2012）は、自律的な学習を促進させるために、言語学習のプロセスという観点を重視して、Trim（1978）の概念を援用して次のように解説しています。

　　概念的ツール（conceptual tool）を提供することで、<u>言語学習のプロセスをより民主的（democratic）にする</u>。概念的ツールとは、学習者のニーズ、動機、適性に密接に沿った学習の計画、設定、実践をできるようにすること（和訳、下線筆者）

　この「言語学習のプロセスをより民主的にする」とは、言語学習を可能な限り可視化し、学習者自身が自分に適した学習に調整できるように支援するという意味合いです。

3.3　ELP における文化への気づき

　また、Little（2012）は、ELP における「文化への気づき」（cultural

awareness）にも言及しています。前述したように、ELP の導入の最大の目的は「複言語主義に基づく言語学習」です。ヨーロッパという多民族的な地域の平和的共存を志向する上で、個人が自国の言語のみを使用するのではなく、複数の言語を使用できるようになることを重要な課題としています。そして、同じように文化においても、自国の文化のみでなく、他の複数の文化を理解する能力と態度の育成をめざして、「複文化主義に基づく言語学習」を提唱して、ELP の中心的な目標としています。

　例えば、言語学習に伴う異文化体験（intercultural experience）を重視し、言語学習記録（language biography）にも、言語的な情報と共に、文化的な経験も記録するように指示しています。これは外国語学習を単に言語面の技能だけでなく、異なる社会、文化のもとで育った人間同士が、共生を求めて交わすコミュニケーションであると考えていることを示しています。

　言語学習において他文化に意識的になることは、学びにおける個人の多様性にも目を向けることになります。学習者の異文化体験を意識することは、言語学習と社会的行動が密接に関連し合って、個人の外国語学習の継続性の理解につながります。

3.4 ELP の実践と課題

　Little（2012）は、ELP の実践において、実際に取り組んでいる多くの国の教師や学習者から指摘された、2 つの問題を挙げています。

- 学校のカリキュラム：「私は〜ができます」という、目標とする言語を使ってできる記述文と、各学校の従来のカリキュラムとの相違
- 評価：「私は〜ができます」というコミュニカティブな目標と、文法重視の試験問題との相違（筆者訳）

　上記の解決方法として、「私は〜ができます」という行動志向の観点から、カリキュラム、学習活動、教材、評価等を選択・開発することを提案

しています。そして、各学校におけるELPの取り組みを支援するための手引きの作成や、実際の学校現場での実践研究が行われています。

このように、ELPのようなポートフォリオを導入する際には、それぞれの学校の実態に適した「調整」的な取り組みが必要であることが分かります。

筆者は、ドイツの学校（Wilhelm-Busch-Gymnasium）を訪問した際、ELPの取り組みについて、外国語学習の担当教師にその使用状況を尋ねたことがあります。その教師は、ELPのコンセプトの意義については認めるものの、実際の活用方法の難しさについてもコメントをしていました。その理由として、「生徒は熱心に振り返りに取り組んだが、教師にとっては過度の負担になった」と述べていました。ELPの実践については、複数のヨーロッパの教育関係者から、実際の取り組みにおける工夫の必要性を耳にしました。これらはそれぞれ個人的な意見なので、必ずしも一般化はできませんが、やはり言語学習ポートフォリオを効果的に使用するためには、何らかの工夫や支援が必要なことが分かります。

また、筆者は日本でも、ELPのジュニア版を使った取り組みについて説明を受けたことがあります。それは、ELPのジュニア版を翻訳し、中学校での英語学習の振り返りを目的に配布するというものでした。しかし、担当者の意図に反して、漠然とした取り組みとなって、自律的な英語学習の促進などの期待した結果には結びつかなかったようです。

このように、学習を個人レベルで支援しようと開発されたCEFRのELPも、その実践には各学校の実態に合った調整が必要であることが分かります。CEFRのような言語教育の行動基準がない日本で、英語学習ポートフォリオを効果的に使用するには、やはり日本の教育環境に適したものを開発し、その活用方法について十分な検討が必要であると言えます。

Can-do リストという考え方

▶1. Can-do リストの導入

　文科省は英語の実践的な技能を各学校での到達目標として示した Can-do リストの導入を促進しています。ただし、その目的において、教師が指導と評価に活用することを重視するという側面に比べて、学習者自身が自分の学習の目標を自覚し、成果を自己評価するツールとしての側面はあまり前面に出ていないように思われます。

　確かに、英語の実践的な技能を各学校での到達目標として示すことは、英語の授業が実際に社会で役立つ言語の技能の習得の場となっていない現状を変える可能性はあります。Can-do リストの取り組みの基本的な手順は、学習の目標として英語を用いてできることを確認し、さらに学習に取り組んだ後、「実際に活用できるようになったのか」という観点からその学習を評価するというものです。その過程で、自分の学習のプロセスに意識的になり、自分のニーズに合った英語の技能を習得できる可能性があります。

▶2. 各学校における Can-do リストの作成

　言語学習における Can-do リストというのは、学ぶ言語を使って、実社会でできることのリストという意味です。英語の場合、「実社会でできる」ということは、その作成において、本来、その学習者が属する地域社会や国に必要な英語の能力の行動基準に準じて作成されるべきでしょう。実際に、CEFR もヨーロッパという地域内における行動基準の検討から開発されています。各学校における Can-do リストの導入においても、英語という言語を使って、日本人としてどのような社会活動を営んでいくのかという行動基準があれば、各学校で Can-do リストを検討する基本的な資料となるでしょう。本来、このような行動基準は、国の言語政策となるの

で、国が示すべき基準ですが、いまだ策定されていません。国レベルの教育的指針として、学習指導要領がありますが、そこに示されているのは、教えるべき内容であって、「日本人として必要な英語の言語能力の行動基準」は示されていません。現段階では、それぞれの学校の実態を踏まえて、それぞれの英語教育の理念や将来の生徒像から、「卒業後に必要な英語の言語能力の行動基準」を考えなくてはなりません。しかし、実際に作成しようとすると、最大公約数的で、形式的な記述になりがちで、実際に行っている授業の内容につながらないことがあります。

そこで、現実的な方法として、各学校で日常的に使用する教材をもとにしたCan-doリストを作成する方法があります。通常、学校において最も一般的な教材は各学校で使用する検定教科書となるので、教科書をベースにすることで、Can-doリストの記述がより身近になり、生徒と教師がより共有しやすくなります《➡「開発編」参照》。しかし、単に教材だけをもとにCan-doリストを作成することはできません。学習者が実際に社会で英語を使用する前提とするためには、Can-doリストの記述文が、日本の社会の文脈に適しているかどうかを照らし合わせる必要があります。

この時点で重要なのは、学校で英語教育を担当する関係者が、自分たちの生徒が学んだ英語を使用して、自立した個人として、どのように社会で生活してほしいかという観点です。教室の英語学習が実社会につながっているという視点で、Can-doリストを設定することが大切です。

▶3. これまで開発されたCan-doリスト

各学校で作成する記述文を検討する際に参考となるのが、これまで作成されてきたCan-doリストです。日本の英語教育においてもこれまでCan-doリストが開発されてきましたが、学校現場よりも、英語技能に関する試験を実施する民間団体のほうが先行していました。例えば、1998年にベネッセコーポレーションがGTEC for STUDENTSとして、習熟度ガイドラインのCan-doリストを開発し、2011年にはその改訂版を推奨スコアガイドラインとして発表しています。ベネッセコーポレーションはその内容を次のように説明しています。「Reading, Listening, Writing

の習熟到達度に応じて7段階のグレードで示し、各技能にどのようなスキルが身についているのかがわかり、先生・生徒の到達目標を具体的、かつシャープに設定することができる」。具体例として、GRADE 5のSpeakingでは、「国際政治や社会問題など、世界のニュースで取り上げられるような話題に関するスピーチを英語ですることができる」となっています。以下、これまで開発されたCan-doリストの例を示します。

3.1 CEFRの例

CEFRはAレベルを、基礎段階の言語使用者（Basic User）、Bレベルを自立した言語使用者（Independent Users）、Cレベルを熟達した言語使用者（Proficient Users）として、基礎段階であっても「言語使用者」と見なしています。例えば、CEFRの「総合的口頭発話」の項目を各レベルで比較してみましょう（Council of Europe 2004）。

表3.1　CEFRの「総合的な口頭発話」の項目

	総合的な口頭発話
C2	聞き手が要点を記憶、あるいは後で思い出す際に足がかりになるような、論理的な構造を持った、流れのよい、構成のしっかりしたスピーチができる。
C1	複雑な話題について、明瞭かつ詳細な記述やプレゼンテーションができる。下位テーマをまとめたり、一定の要点を展開しながら、適当な結論にもっていくことができる。
B2	記述とプレゼンテーションを明確かつ体系的に展開できる。要点を見失わずに、関連詳細情報を付け加えて、内容を補足できる。 自分の関心のある分野に関連した、広範囲な話題について、明確かつ詳細に記述、プレゼンテーションができる。事項を補足しながら、関連事例を挙げて、主張を強化、敷衍することができる。
B1	自分の関心のあるさまざまな話題のうちのどれかについて、ほどほどの流暢さで、ある程度の長さの、簡単な記述やプレゼンテーションができる。その際、事柄の提示は直線的である。
A2	人物や生活・職場環境、日課、好き嫌いなどについて、単純な記述やプレゼンテーションができる。その際簡単な字句や文を並べる。
A1	人物や場所について、単純な字句を並べて、述べることができる。

例えば、A1（基礎的言語使用者）では、「単純な字句を並べて、述べる」ことが、B1（自立した言語使用者）では、「ほどほどの流暢さで、ある程度の長さの、簡単な記述やプレゼンテーションができる」というように「字句」レベルからまとまった「記述」レベルへと、能力の水準が高くなっています。

3.2 CEFR-J の例

　CEFR のレベルを日本に導入しようとする観点から、Can-do リストを開発している事例もあります。これは、CEFR-J の取り組みで、日本における Can-do リストの源泉となった CEFR の Can-do リストのグレードを日本の現状に合わせて、12 段階へと細分化したものです。

　CEFR-J は、欧州評議会の ELP に関するサイトから、その記述文を網羅的に収集し、その内容を独自に統合したものです。ELP は複数の国で使用されており、それぞれの記述文 2,800 個を重複した部分を統合して、647 の記述文に集約しています。CEFR の 6 レベルに日本の学校の学習者を当てはめると、その大多数が最も初級者である A レベルになってしまうことから、初級者の A レベルと中級者の B レベルをさらに細分化し、12 のレベルに分けています（投野編 2013）。

表 3.2　CEFR の 6 レベルと CEFR-J の 12 レベル

CEFR		A1	A2	B1	B2	C1	C2
CEFR-J	Pre-A1	A1.1 A1.2 A1.3	A2.1 A2.2	B1.1 B1.2	B2.1 B2.2	C1	C2

　さらに、具体的な項目についての例を示すと、以下のようになります（次ページ）。

表 3.3　CEFR-J の「話すこと・やりとり」の例

C1	言葉をことさら探さずに流暢に自然に自己表現ができる。社会上、仕事上の目的に合った言葉遣いが、意のままに効果的にできる。自分の考えや意見を正確に表現でき、自分の発言を他の話し手の発言にうまくあわせることができる。
B1.1	身近なトピック（学校・趣味・将来の希望）について、簡単な英語を幅広く使って意見を表明し、情報を交換することができる。
A1.1	なじみのある定型表現を使って、時間・日にち・場所について質問したり、質問に答えたりすることができる。
Pre-A1	基礎的な語句を使って、「助けて！」や「〜が欲しい」などの自分の要求を伝えることができる。また、必要があれば、欲しいものを指しながら自分の意思を伝えることが出来る。

3.3　日本英語検定協会の例

　日本英語検定協会も、各級の言語使用の目安として、2006 年にいわゆる「英検 Can-do リスト」を開発・公開しています。例えば、準 2 級の「聞く」の項目では、「簡単な内容であれば、電話で相手の話を理解することができる。（日時の約束、短い伝言など）」という記述があります。

　下記は、4 技能の総合的な能力ですが、英検の Can-do リストでは、それぞれの能力をさらに細分化して示しています。中学や高校の場合、英検の受験者も多く、教師は経験的に各級のレベルを理解できるので、生徒の習熟度の実態から、参考にしやすいと思われます。

表 3.4　英検の準 2 級の Can-do リスト（総合的な能力）

読む	聞く	話す	書く
まとまりのある説明文を理解したり、実用的な文章から必要な情報を得ることができる。	日常生活での情報・説明を聞きとったり、まとまりのある内容を理解することができる。	日常生活での出来事について説明したり、用件を伝えたりすることができる。	日常生活での話題についてある程度まとまりのある文章を書くことができる。

　この他に、各学校現場でも独自に Can-do リストを作成し、指導目標の指針としている例もありますが、これらのリストは、いずれも「英語につ

いての知識」ではなく、「英語を使ってできること」をリスト化したことが特徴です。実際にそれぞれの学校で学習ポートフォリオを作成する場合、これらの日本の教育環境を考慮して作成された Can-do リストを参考に、それぞれの学校の生徒の実態に基づいた記述文を検討することができます。

▶4. Can-do リストを使った授業改善の可能性

英語学習における Can-do リストの目標は、学習到達目標を可視化することです。そのメリットとして、学校内で、生徒の実情に合った適切な目標を設定することにより、生徒、担当教師、同僚間で「可視化した目標」を共有でき、教員同士で共有した目標をもとにした校内研修も可能になります。

さらに、Can-do リストを活用することによって、生徒参加型、あるいは、生徒中心の授業へと変えることができる可能性もあります。Can-do リストは、「生徒が英語を使って何ができるようになるか。そのために必要な訓練は何か」という視点を与えてくれ、教師はその視点から、普段の授業を見直すことができます。つまり、Can-do リストはその利点をよく理解し、うまく活用すれば、学校全体の英語学習の改善という大きな成果に結びつく可能性があるわけです。ただし、Can-do リストは、あくまでも学習目標の目安のためであり、それを実効化するためには「どのように活用するのか」という方策が必要となります。

Can-do リストを活用する一番の目的は、学習者自身が自分の学習を振り返り、考察することにあります。その過程で、自分の学習の目標を確認し、それに適した学習方法を自分で選択できるようになることをめざします。その意味で、Can-do リストの記述文が、日常の学習の延長線上にある言語能力につながっていることが必要になります。例えば、前掲した「英検の準 2 級の Can-do リスト」の「聞く：日常生活での情報・説明を聞きとったり、まとまりのある内容を理解することができる」という記述から、自分の言語能力を評価するとします。その際、この記述文はあくまで目安なので、学習者は個別の授業での学習体験の積み重ねを経験的な基

準として、自分が英語を使う立場を想定して、自分の能力を評価します。一般的に日本の中学生や高校生の場合、日常生活で実際に英語を使用する機会はあまりないので、やはり、学校での学習自体が「英語を使用する場面」を多く提供する必要があります。つまり、各学校でCan-doリストの記述文を設定する場合、普段の授業での英語を使った学習活動を見直す必要があります《➡授業を見直す観点については、「理論編」第4章を参照》。

▶5. Can-doリストから英語学習ポートフォリオへ

　上記のように、Can-doリストの導入は、学習者の意識を「個人のニーズに立った継続的な学習」という視点へと改善するきっかけになる可能性があります。教師はその作成を通じて、それぞれの学校に適したカリキュラムの作成に利用が可能です。しかし、Can-doリストはあくまで「英語という言語を使用してできる事柄のリスト」にすぎません。リストの作成にとどまるだけでは、学校の指導における教える側の目安の把握で終わってしまい、「絵に描いた餅」となってしまいます。例えば、ある学校のリストのスピーキングの項目において、「自分の興味・関心のある社会的な話題について、具体的な事例を挙げながら、説明できる」という記述を掲載したら、その達成目標を、授業を通じて具現化する指導の手順を設定する必要があります。つまり、Can-doリストを掲載したポートフォリオを作成するということは、同時に到達すべき目標に向かうための指導計画を作成することになります。

　どんな立派なCan-doリストを作成しても、学習者が目標とする言語を使って、目標として設定した行動ができるようになるためには、普段の授業自体が、学習の目標となる社会的な行動へとつながっていなければなりません。一般的に言って、学校での英語の授業は、文部科学省検定済教科書（以下、検定教科書）を使用して行います。その各レッスンを通じて取り組む学習には、それぞれ単元ごとの学習目標があります。それを実際の機能的な英語能力として、将来の長期的な目標へと結びつける必要があります。

　本書の冒頭で示した、現在の学校での英語学習の課題は、生徒にとっ

て、普段の英語学習が、将来実際に使用する言語能力の育成へとつながると実感できない状況と考えることもできます。Can-doリストの作成を通して、普段の授業から、実際の機能としての英語力を身につける行程表を作成することになります。生徒はその行程表を参考にして、「こうすれば、このような英語力を身につけることができるようになるんだ」と納得するわけです。

　英語学習ポートフォリオを導入することは、「生徒を引率して山登りを行う」ことに似ています。Can-doリストの作成だけでは、「行程表作り」という計画段階にとどまったままです。しかし、ポートフォリオを使った取り組みでは、一人ひとりの生徒に配布して授業で活用することで、実際に生徒といっしょに山をめざす「山登り＝実践」を始めることになります。生徒が挫折しないように、「引率者＝教師」は教師同士の連携を密にして、Can-doリストに基づいた指導計画という行程表を検討しながら、協力し合って目標に向かっていかなければならない状況が生まれます。

第4章 ポートフォリオで取り組む英語学習の観点

▶1. 英語学習でポートフォリオを活用するために

　第3章で述べたように、ポートフォリオを効果的に使うためには、どのように授業を設計し、実践していくのかが重要となります。つまり、教師は自分の担当する生徒たちのニーズや実態に即したポートフォリオを作成することで、自分の授業設計を根本から見直す機会を得るのです。

　本章では、それぞれの学校で、英語学習ポートフォリオを活用して、どのような授業を行うべきなのかについて、基本となる観点を示して、検討します。

▶2. Communicative Language Teaching（CLT）の観点

　コミュニケーション能力の養成をめざした外国語学習に焦点を当てた考え方に、Communicative Language Teaching（コミュニケーションのための言語教育、以下 CLT）があります。これは、文法知識や単語を覚えることに偏った知識偏重の外国語教育の反省から生まれました。CLTは、1970年代の初めに生まれた、コミュニケーションを充実させるための言語教育という基本理念で、その方法や考え方もさまざまな視点から検証されてきました。つまり、その指導法に具体的な完成例はなく、「コミュニケーションを充実させる」指導法の基本的なコンセプトであると考えてもよいでしょう。しかし、「コミュニケーションを充実させる」ことは、単に「英語を使いこなす」学習を意味するわけではありません。CLTを考える際に重要な点は、単に英語の技能を伸ばす方法だけに目を向けず、学習者個人が自分の英語学習の価値や必要性を理解し、自分に適した学習方法に意識的になることをめざすという点です。その学習プロセスが、学習者自身にとって本来の「コミュニケーションを充実させる」ことにつながると考えています。本書ではこのような観点から、授業における CLT を

促進するツールとして、英語学習ポートフォリオを提案します。

▶3. CLT を考える 8 つの観点

　CLT を充実させる方向性から英語学習を見直すためには、どのような観点が必要となるのでしょうか。この点に関して、Farrell & Jacobs（2010）は、第二言語の指導において、従来の学習者や教師の資質を検討し、効果的な学習の基本要素として、8 つの観点を提示しています。これらの考え方は、学習者が身につけるべき能力や授業方法の再検討や、教師の資質の見直しにまで言及し、これまでの「言語材料の理解と定着」や「技能習得」という面にばかり目が向けられてきた日本における英語学習の見直しに有効な観点を提供しています。その意味で、英語学習ポートフォリオを活用する授業設計を検討する際に、効果的な視点となるでしょう。以下は、Farrell & Jacobs（2010）による第二言語の指導における 8 つの効果的な基本要素です。

- Learner Autonomy（学習者自律）
- Social Nature of Learning（学びにおける社会性）
- Curricular Integration（カリキュラムの統合）
- Focus on Meaning（学習の意味の重視）
- Diversity（多様性）
- Thinking Skills（思考力）
- Alternative Assessment（柔軟な評価）
- Teacher as Co-learners（生徒と共に学ぶ教師）

　Farrell らは、上記の要素は第二言語の指導全体における部分であり、かつ循環的なものであるとしています。さらに、「個別の要素が効果を上げるためには、他の要素の効果的な取り組みが必要である」として、相互補完的な要素であると述べています。

　本書で提案する英語学習ポートフォリオは、授業担当者が自分の授業改善に取り組む際に、その授業設計を具体的に検討できることが必要と考

え、Farrell らの基本要素を参考に基本理念をまとめています。具体的には、「学習者の能力の見直し」「学習方法の転換」「教師の役割の転換」の3点です。以下は、その学びの構成を図式化したものです。

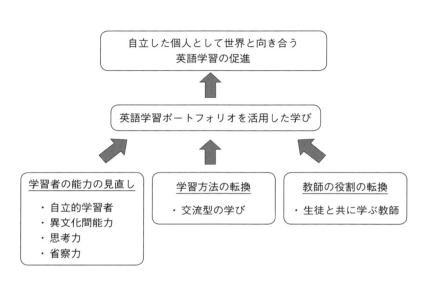

図 4.1　英語学習ポートフォリオにおける基本的な学びの構成

以下、それぞれ「学習者の能力の見直し」《➡本章 4.》、「学習方法の転換」《➡第 5 章 1.》、「教師の役割の転換」《➡本章 5.》について、述べていきます。

▶4.　学習者の能力の見直し

これまで学校における英語学習では、学習者は学校のカリキュラムに沿った知識や技能を、教師を媒介として身につけてきました。そこでは集団学習の場で効率性を優先することから、教師＝伝達者、生徒＝受容者という固定的な役割となる傾向がありました。しかし、その固定化した役割は、学習の画一化につながり、学習者の多様性に対応できないなどの弊害も生まれてきました。さらに、語彙や文法などの言語材料を覚えること

や、技能の習得に過度に比重が置かれ、授業の場が創造性の乏しいものになる傾向もありました。個人が英語学習を継続していくということは、当然、その学習の質も変化していく可能性があります。その意味で、学習者の資質に対するこれまでの固定的な観点を見直す必要があります。

4.1 自立的学習者

　本書の考える英語学習の中心的な目的として「自立した個人として世界に向き合う英語学習の促進」を掲げています。この「自立した個人」とは、英語学習を進める状況では、「自立的学習者」となり、その意味でポートフォリオ学習全体の観点の中でも最も基幹的な視点となります。

　まず、自立的学習者の前提となる、学習者が自分に適した学習を自律的に進める学習について考えてみましょう。従来型の教師中心の学習は、教師が重要と考える知識や技能を学習者がどれだけ正確に会得するのかという結果のみを重視する傾向がありました。しかし、CEFRの行動志向の言語観などが広く認識されるようになって、学習者は自分自身やいっしょに学習する者の学習に責任を持ち、自分自身に適した学習スタイルや方法を自覚するべきであるという観点が重視されるようになりました。例えば、学習者は自分のニーズを自覚し、自分の学習目標を設定・確認します。次に、その学習に取り組み、その後、その取り組みの自己評価を行います。この一連の学習活動によって、自分に適した学習方法を確立するわけです。つまり、「学び方を学ぶ」ことになります。この観点から、ポートフォリオを使用した学習では、自分の学習を記録し、それを振り返ることで自律的な学習が促進されるとされてきました。しかし、「自分の学習を記録する」だけでは、自分の学習を振り返ることにはつながりません。ポートフォリオの学習で重要なのは、学びの始めの段階から、さまざまな学習活動を経て、学びを達成していく学習の取り組みの過程で、自分の方法や信条について問い直す「自分との対話の機会」が生まれるという点です（図 4.2）。

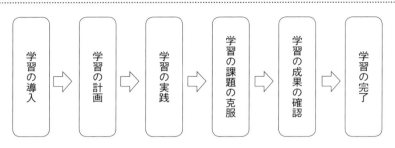

図 4.2　学びのプロセスの意識化の促進

　例えば、新しい文法事項の導入にパタン・プラクティスのドリル型の学習がよく利用されます。しかし、このようなドリル型の学習は、学習者が文法の法則性をどれだけ効率よく理解し、覚えるかが目的で、学習の過程は意味を持ちません。それに対して、学習過程に意識的になる活動として、プロジェクト型学習という活動があります《➡第 5 章参照》。簡単にまとめれば、「設定された現実的な課題に取り組み、その結果を英語で発表する」という活動になり、その活動の過程で必然的に解決方法を決定するに至るまでに、学習者自身が課題についての分析や検討を行います。さらに、そのプロジェクトにグループで取り組んだ場合、グループ内での検討作業の際に、メンバー間での意見調整がなされ、その際に各自が自分の考えを深める機会が生まれます。このようなプロジェクト型学習については、「思考力」の項目でもさらに詳しく説明しますが、本書ではこのような学習のプロセスにおける学習者自身の検討作業に焦点を当て、その過程において学習者自身が自分の変化に意識的になることを重要と考えます。
　学びのプロセスの意識化は、学習に取り組んでいる途中や、取り組み後の振り返る材料を提供します。それが自分に適した学習スタイルの確立につながります。
　しかし、「自分に適した学習を効率的に進める」だけでは、「自立した学習者」となることはできません。なぜなら、「自立した学習者」になることは、自分が取り組む学習の価値が分かること、自分にとって意味のある学習であるかどうかを判断できることも含むからです。これは、「学

習ポートフォリオ」の基本的な構成要素として、Zubizarreta（2009）が挙げている、「学習の関連づけ」（Relevance of Learning）と重なります。「学習の関連づけ」とは、学習の具体的な応用方法、学習の個人的／職業的な分野への関連、倫理的／道徳的成長、学びの効果的な価値などに関連し、自分の学びが実生活にどのような影響をもたらしたのかについて意識的になるということです《➡「学習の価値」の判断は、「4.3 思考力」参照》。

4.1.1　英語を活用することに対する自己イメージの強化

本書の冒頭で、文科省の調査で調査対象の高校生の約半数が将来の英語使用のイメージを持っていないことに触れました。このことは、これまでの学校における英語学習では、クラスという場での効率的な集団学習を促進することが重要視されてきたことと無関係ではないでしょう。例えば、一般的に教師は担当のクラスの英語の成績を短期間に効率的に向上させることが評価されてきました。そのため、生徒個人のそれぞれの学習の継続という視点はあまり注目されませんでした。しかし、学校という枠を越えて、生徒個人の英語学習の継続を実現するには、やはり生徒一人ひとりが自分の適性や関心に合った学習を続けたいと思うこと、つまり学習者それぞれの動機づけが個人の学習を継続させる原動力となるでしょう。そのためには、CEFRの基本的な考え方の1つである「英語学習者から英語使用者へ」、学習者自身の自己イメージの強化を支援する観点が必要となります。

4.1.2　英語使用者としての自己イメージ

言語学習における自己イメージを授業の場で効果的に強化するには、適切な条件を考える必要があります。Dörnyei & Ushioda（2009）は、The L2 Motivational Self System という、外国語学習の動機づけモデルを考察し、そこで「Ideal L2 Self（理想的な外国語使用者としての自分）というイメージが動機づけに関して効果的な要素となる」と述べています。そのモデルにおける「自己イメージ」とは、可能性としての自分（possible selves）と理想的な状態の自分（deal selves）とその状態をめざした態度

の自分（ought-to selves）となります。そして、自己イメージの強化において必要な3種類の要素を挙げています。

(a) 理想的な外国語使用者としての自分（Ideal L2 Self）
(b) 上記の状態に近づくように努力する自分（Ought-to L2 Self）
(c) これまでの外国語経験（L2 Learning Experience）

　そして、この3点が以下の状態の時に、理想的な外国語使用者としての自分のイメージを作ることができ、学習動機の向上に有効であるとしています。

・学習者自身が適切な自己イメージを持つこと
・入念に考えられて、明確であること
・学習者の家族や友人などの期待といった社会的環境と調和し、学習者が納得できるイメージであること
・<u>学習者の普段の自己概念によって常に自己イメージが活性化されること</u>
・<u>目標を達成するロードマップとして機能する適切かつ効果的な方法を伴うこと</u>
・<u>望ましい目標を達成できない否定的な結果に関して、よく考えられた情報を含むこと</u>（和訳、下線部筆者）

　上記の点を考慮した学習活動ができれば、「外国語の学習者としての自己イメージ」を強化し、動機づけの向上につながる可能性があるとしています。上記のうち、特に下線の3つの視点は、学習者のイメージ強化における具体的な示唆として、特に重要だと考えられます。
　「学習者の普段の自己概念によって常に自己イメージが活性化される」ということは、学習者が普段の学校などの日常生活の中で、総合的な自己概念の一部分として自己イメージが常に意識される必要性を示しています。さらに、「目標を達成するロードマップとして機能する適切かつ効果

的な方法を伴う」ことは、漠然としたイメージではなく、目標とするイメージに至る具体的な方法との連携の重要性を示しています。最後の「望ましい目標を達成できない否定的な結果に関して、よく考えられた情報を含む」ことでは、イメージ通りに学習が運ばない場合、どのように修正すべきかという方法についても考慮すべきとして、やはりイメージと具体的な方策との連携が重要なことを指摘しています。

　日本における一般的な英語学習は、外国語としての英語（English as a foreign language, 以下 EFL）となります。つまり、実社会において学んだ英語をすぐに使用できる機会が乏しく、言語使用者としての自分を意識しにくい状況があるわけです。その状況を考えれば、「外国語の学習者としての自己イメージ」を、社会において自分が将来望む形で、意識的に強化することは、英語使用者としてのイメージの強化につながり、動機づけの向上につながると考えられます。

　「実践編」で紹介しますが、本書で開発した英語学習ポートフォリオにおいても、「自分の木」という活動において、この考え方をもとに「外国語の学習者としての自己イメージ」を強化する取り組みを行っています。

4.2　異文化間能力

　4.1では、学習者の自己イメージに関して論じました。本項では、「他者と向き合うこと」がキーワードになります。本書は、英語学習の場において、学習者が自らに「英語を使用して、個人として社会でどのように生きていくのか」と問いかけることを重要と考えています。英語という外国語学習を通じて、他者と向き合う能力を養うことは、互いの文化の違いを理解するストラテジーを身につけることに他なりません。

　しかし、日本の学校における英語学習では、言語技能の促進という面が特に強調されて、この異文化間能力はあまり重要視されていないように思えます。文科省の Can-do リスト形式の『手引き』の説明でも、Can-do リスト形式の目標設定に適しているのは、観点別学習状況の4つの評価の観点のうち「外国語表現の能力」と「外国語理解の能力」の2つとしており、もともと CEFR、および ELP で重視されていた「異文化理解

能力」には触れていません（文部科学省 2013）。確かに、異文化間能力を「評価」することは、4技能などの評価に比べるとまだ一般的とは言えません。しかし、異文化間能力の育成、つまり「他文化と向き合う能力の育成」は、外国語教育において基本的な構成要素であり、Can-do リストの取り組みにおいても含まれるべきであると考えます。

4.2.1 異文化コミュニケーション

「異文化コミュニケーション」というと、海外の文化を理解することを思い浮かべますが、実は日常的なレベルの意識や態度の問題でもあります。英語教育において異文化コミュニケーションを学ぶ意義について、池田（2010）が示している事例を利用して考えてみましょう。

> クラスメートから突然、自分は「在日韓国人」だと告白されたとしよう。その瞬間、今までほとんど気にすることのなかった「日本人」というカテゴリーが目の前に浮かんでくる。まわりがすべて同じだと思っているときは、そうしたカテゴリーがあることすら意識することはないが、ひとたびその違いに気づかされるようなことが起こると、その境界が気になり出す。他者との違いによって、己を知ることになるのである。そして、その反応として、「そうはいっても、君は日本人と変わらないじゃない」とか、「そんなこと気にする必要はないよ」といった反応をしたとしよう。こうしたことばには、「日本人」であることが「普通」で、君は「日本人」に見えるから心配しなくていいよ、といった意味が潜む。あるいは、彼（彼女）が背負ってきた歴史の重みを無視しているかのように受け取られかねない。つまり、自らの尺度でクラスメートのことを判断してしまっているのである。そんなつもりは毛頭なかったとしても、相手はそのことばに傷ついてしまう可能性が高い。

池田（2010）は、「経験」を「主観的」なものであるとし、基本的に自らの意識に縛られていると説明しています。このエピソードでも、相手を

傷つけるつもりはないにも関わらず、自分の固定的な意識から生まれた発言が友人を傷つける可能性を示唆しています。しかし、上記のケースで、クラスメートの反応から、自らの発言の意味に気づいたら、クラスメートの状況をより理解できる対話につながり、自分の意識をより広げる可能性があるとしています。

　英語によるコミュニケーションを学ぶ過程で、異文化について考え、それまでの自分の考えについて見直す機会があれば、学習者が上記のような経験を持った時、その意味を理解し、さらに自分の異文化コミュニケーションにおける意識を広げる可能性はあります。

　池田（2010）は、「コミュニケーション」について、他者との関係性に関連して、以下のようにコメントしています。

　　　コミュニケーションとは、他者との関係性であり、世界と私たちを結ぶものである。<u>自分と異なる他者とどう関係性を構築していくのかを自らに問い続ける行為</u>でもあるのだ。（下線筆者）

　本書では、英語教育の基本的な目標の1つとして、異なる文化や言語環境で生活している人々とのコミュニケーション力の育成を重要視しています。そのためには、授業の場でも、この「自分と異なる他者とどう関係性を構築していくのかを自らに問い続ける行為」を支援する学習活動が必要であると考えます。

4.2.2　相互文化的市民

　4.2.1で触れた異文化コミュニケーションという考えを、さらに大きな枠である「社会の中に生きる個人」＝「市民」という視点で考えてみましょう。それは「相互文化的市民」という視点になります。この相互文化的市民とは、自分が育った社会の文化と異なる文化も積極的に理解しようとする態度を身につけた市民という考えです。

　外国語教育における異文化間能力の必要性を提唱して、バイラム（2015）は、その能力を身につけた相互文化的市民について、次のように述べてい

ます。

　　外国語教育はただ技術的なことを教えるだけのものではない。我々は、言語的知識や技術だけではなく、<u>他者や我々をより豊かに理解し共存するために役立つ</u>、「異文化間能力（intercultural competence）」を育成できるような指導法や学習法を開発すべきである。それだけにとどまらず、外国語教育は、通常、国や国家市民と関連づけられることの多い市民性という概念を「相互文化的市民（intercultural citizenship）」にまで拡大することが可能である、そうすべき責任がある。（下線部筆者）

　相互文化的市民性（intercultural citizenship）という考え方は、異なる文化同士が実際に交流を行う際に、場当たり的な対応を行うのではなく、「明確な基準に従ってやりとりを行い、調停する。必要な場合には、自分の知識、スキル、態度を活かして、どの程度のつきあい方をするのか判断」（バイラム 2015）できる能力を、社会に生きる一人の市民として身につけることです。
　また、バイラム（2015）は相互文化的に行動する能力に関して、次のように述べています。

　　異なる文化の間の仲介者（mediator）として行動する能力、もっと正確に言えば様々な文化の中で社会化されている人々の間を仲介する能力でなければならない。これには自己と他者との間を「仲介する」こと、すなわち<u>他者と関わる場合に、「外部からの」視点を自己に対して向けること</u>ができ、自己の行動様式やその根底にある価値観や信条を分析し、そうするべき場合は、作り変えることができるということも含まれる。（下線部筆者）

　下線部の「他者と関わる場合に、「外部からの」視点を自己に対して向けること」とは、「自分との対話」、つまり自分の価値観の見直しにつなが

り、異文化社会と向き合うための実効性のある省察とも言えるでしょう。

　異文化理解における「自分の価値観の見直し」ができる態度は、単なる技能習得のための英語の学習活動だけでは育成できません。英語学習自体が社会文化的要素を含むことを意識し、教材の選定や学習活動の方法について、異文化間能力との関連性を意識する必要があります。

4.3 思考力

　英語を学ぶメリットの1つとして、「英語という言語が中心のインターネットなどのメディアを利用して、世界の情報をより多く集められる」ことが挙げられます。しかし、情報を集めるだけでは、それがどのような意味を持ち、どのように利用すべきなのかが分かりません。つまり、集めた情報が価値を持つためには、その情報を使って、現在、世界で起こっている事象を理解し、その意味を自分で判断することができるようになることが必要になります。特に、世界の事象が複雑に影響し合う現代の社会では、自分を取り巻く社会や集団の雰囲気に惑わされず、自立した個人として判断し、自分の意見を表現することが求められます。

　このような能力を養うためには、単に知識を寄せ集めたり、試験のための短期的な理解や暗記をめざした学習ではなく、それまで学習者が学校の内外で身につけた知識や判断力を総動員して、未知の世界をより深く理解するための思考力が必要となります。初めて接する課題や事象を活用して、それまで蓄積した経験や知識を見直すなどの思考活動が必要となります。例えば、批判的思考力（critical thinking）なども、言語学習における「考える力」の1つと言えるでしょう。

　Farrell & Jacobs（2010）は、批判的思考力（critical thinking）を外国語学習における必要な能力であるとして、「自分の考え方、信念、行動などが信頼すべきものか理解するために、意味を調べ、分析し、統合し、検討し、内省し、評価するように学習者に取り組ませること」と定義しています。さらに、「学びは、学ぶ者がすでに身につけている知識から切り離すことはできない。そして、学ぶことの意味を知ることは学ぶ者により深い思考を促すので、学びに目的を与える」として、学ぶことの意味を理

解することの重要性を主張しています。これは、学校を超えたより広い文脈から、自分の言語学習の意味や価値を考えることにつながり、「自立的な学習者」という目標とも関連します。

　ポートフォリオを活用する学習では、学習のプロセスが重要となります。そのさまざまな段階で、多角的に考える活動が組み込まれます。その意味で、「考える力」を養う英語学習の取り組みは、ポートフォリオ学習を行う上で必要不可欠な要素となります。その中心的な学習活動に、プロジェクト型学習があります《➡「理論編」第5章参照》。プロジェクト型学習は、英語という言語技能の学びと、英語で取り組む題材とが連携する学習になります。さらに学習者は、題材に対する自分の考えを整理・検討し、発表することで、英語の授業の場で学ぶ題材についてより発展的な知識と自分なりの意見を持つことができます。

4.4 省察力

　学習ポートフォリオの基本的構成要素の1つに「振り返り」(reflection)があります。「振り返り」という学習活動は、学習のプロセスに意識的になるために、大変重要な観点となります。例えば、課題を設定して、その解決方法を検討するという学習方法に、プロジェクト型学習があります《➡「理論編」第5章参照》。このプロジェクト型学習は活動がいくつかの局面に段階化されていて、その節目で「振り返り」に取り組む機会を提供します。

　「振り返り」は、「自分との対話」と言い換えることができます。自分を客観視して、学習活動に取り組む前の自分と「対話」を行うわけです。この対話は、自分にとっての学習の意味や価値を考える上で欠かせないものとなります。しかし、日本の学校教育では、試験の点数などの数値的な結果が重視され、個人の学習プロセスに焦点を当てた内省的な活動は、あまり取り組まれてきませんでした。

　日本の学校の学習環境では、一般的に、集団的な学習の効率性が重視され、個々の学習者が自分の学習に意識的になる省察はあまり取り組まれてこなかったように思えます。堀（2016）は、大学における第二外国語の

学習に関する意識調査の分析結果をもとに、日本の言語学習における省察について、次のように指摘しています。

> 自律学習能力を「目標所有」、「努力理解」、「方略理解」、「自己管理」、「自己評価」の5つに分類して分析した結果、特に省察と関係が深い「自己評価」と「自己管理」が低いことが明らかになった。この結果の背景には日本の教育環境の影響が考えられる。言語教育に関しては、暗記の役割や、試験の点数といった結果に対して社会的な意義がある。

堀は上記の結果、「日本では入試の影響が大きく、学習内容やプロセスよりも結果が重視されるため、学校教育において省察する機会や習慣がほとんどないと言える」としています。

このような状況の反動からか、小中高の学習指導要領総則において、「学習の見通しを立てたり学習したことを振り返ったりする活動を計画的に取り入れる」ことが掲げられるなど、「自律性の育成＝振り返り」という図式を念頭に、授業において振り返りを奨励する例も見られます。しかし、形式だけの振り返りは自律性の育成にはつながりません。学習者本人に省察への意欲がない場合、それは強制的な振り返りになり、自律性の涵養には結びつきません。学習における省察が効果を持つためには、学習者自身が進んで振り返りたいと思える状況が重要となります。例えば、暗記や法則性の理解のみを重視した学習活動では、振り返る材料が乏しいものになってしまいます。学習の過程でさまざまな経験をし、その学習経験が価値のあるものと思える時、進んで振り返りたいと思うはずです。その意味で、英語学習ポートフォリオの取り組みは、学習者にとって、意味のある学習経験を提供することが前提となります。

4.4.1 学びにおける「自分との対話」とは

振り返りとは、自分の学びにおける変化に対して、その経過と意味を考える行為のことです。しかし、特に大きな変化がない日常の学びにおい

て、意識的になることは難しい行為でしょう。その際に必要となるのが「日常の異化」という仕掛けです。学びにおける異化作用を作り出す仕掛けを設定することにより、日常的な意識に「ズレ」を生じさせることで、新たな視点を提供します。

　英語学習ではありませんが、「学びにおける振り返り」について、自分の成長過程において、率直に「自分との対話」を行っている事例を以下に示します。この事例は、美術鑑賞という体験型の学習を、「異化」のきっかけとした取り組みとなっています。これは、美術鑑賞をテーマとしたプロジェクト型学習《➡「理論編」第5章参照》と言えるでしょう。課題を設定して、それに取り組むことで、思考力と省察力の向上が期待できます。

　美術の教科を専門とする小学校教師が、神奈川県立近代美術館鎌倉館に隣接する小学校のあるクラスで、5年生から6年生まで「美術鑑賞」を柱に学級経営を行いました。以下はその取り組みの概略です（高松（2009）の記事から筆者がまとめたもの）。

　この取り組みの目的は、「美術鑑賞を通じて、自分と異なる価値観を受け入れること」と「自分の感じたことを素直に発言できること」でした。実際の活動は、美術館の作品を見て、感じたことを自由に発言することが主な活動ですが、その際に「仲間の発言を聞く」「最後に自分なりの見方を伝える」ことに注意しました。

　この取り組みの結果、「子どもたちは美術作品からたくさんの言葉を自由に拾い、仲間のさまざまな価値観と照らし合わせながら少しずつ自分なりの見方ができるようになった」とクラス担任は述べています。

　前述したように、「学習の振り返り」という活動は、一般的に日本の学校現場において取り組まれてこなかった状況があります。そのため、教師自身も学習者が取り組むべき振り返りがどのようなものかが実感できないことが多いのではないでしょうか。例えば、英語学習の振り返りというと、中学校や高校の場合、いわゆる定期考査の結果を中心に、「うまくいかなかったことの反省」が多いのではないでしょうか。

　学びにおける振り返りとは、学びの過程における自分の経験の意味を、自分自身の言葉を模索しながら考えていく行為と言えます。それは、経験

を経て「変わった」自分が、経験をする前の自分と「対話」する行為とも言えるでしょう。以下の記述は、この美術鑑賞の取り組みで、それに参加した小学生が、以前の自分の「鑑賞」を振り返った言葉です。美術館にある作品の鑑賞をきっかけに、「自分との対話」を行っています（高松2009）。

　　5年生の時、鑑賞はあまり楽しくなかった。絵からいろんな言葉は拾えた。でも暗い部屋で大きなスクリーンを見ると目が痛くなるし、何も拾えない時はつまらなかった。6年生の時、ようやくその考えが変わった。5年生からずっと音、季節、気持ち、よくわからないこと、色々感じとるうちに人の考え方がわかるようになった。そう感じた。そのときにやっと鑑賞してきてよかったって感じることができた。
　　初めての美術館は楽しかった。自分は静かなところが好きだから。1つの絵に熱心になれて時間内にすべての絵を見切るのは不可能だった。感覚で「何かイイ」と思った絵からバンバン言葉をみつけて、感じた。でもなんか違う気がして、しばらく経ってから前の部屋に戻って、さっき嫌だな、と思った絵を見直した。すごくヤな気持ちになったけど、なぜか胸の奥がスッとした気がした。やっと自分と向き合えたのかも。それが6年生になってからで、5年生の時は逃げてた。それも3年経った今やっと気づいた。色んな安らぎをくれる。それが美術館、なのかな？？よくわかんない。
　　でも、一つ確実なこと。それは3年間の活動の中でとても大切なものから目をそらそうとしていること。今もそう。絶対に正直じゃない。字がきれいなところは嘘をついているアカシ。どーでもいいことに目を向けて自分のことを嫌いになろうとしている自分がよくわかんない。もう何もわかんない。3年間っていったいナニかな。今わかりそう。でもわかんない。この心境を楽しく、おもしろく感じれるときっとわかる。もっと時間をかけて、何年もかけてわかるようになった自分を見たい。もっとこの活動を続けたい。
　　今の自分は、自分がいつも描いている絵に例えるとスランプ状態。

この時期があと1年半続くから早く超えたい。今の自分てナンダろう？やっぱよくわかんない。あいまい大好き人間？ハッキリとした数字とか嫌いな人？今はそう思っとく。うん。結果にまどわされない人っていいな。

　上記の「振り返り」では、まず、1年間のインターバルを経て、美術作品を見つめる自分のまなざしが変化していることに気づいています。続いて、そこから始まった「自分との対話」が、率直に記述されています。例えば、「今の自分てナンダろう？やっぱよくわかんない。あいまい大好き人間？ハッキリとした数字とか嫌いな人？今はそう思っとく。うん。結果にまどわされない人っていいな」というように、自分に問いかけ、その答えを自分で模索しています。自己を確立していく時期において、変化していく自分を見つめ、あるべき自分の姿を模索しています。

　この「自分との対話」を引き出した美術鑑賞という活動で注目するべきなのは、日常を異化する仕掛けと、対話が発生するタイミングです。最初は「鑑賞はあまり楽しくなかった」けれど、「6年生の時、ようやくその考えが変わった」ことに気づいています。そして、その気づきの過程で、自分の変化を検証するように、さまざまな自分の言葉を自分に向けて発信しています。

　自分の学習の取り組みに対する振り返りも、むやみに強制するのではなく、このような自然発生的な思いを生かせる仕掛けとタイミングが重要となります。

4.4.2　省察への3つのポイント

　この美術館プロジェクトでは、「3つのポイント」を紹介しています（神奈川県立近代美術館 2009）。

（1）作品を通して新しい世界に出会い、心揺さぶられる経験ができる。
（2）作品と対話することで、自分が元々考えていた以外のたくさんの視点を発見し、視野が広がる。

(3) 公共の場で公共のものを、自分も他の人も大切にしながら楽しむという社会性を育てる機会になる。（下線部筆者）

　上記で提示されている美術鑑賞の学びでは、個々の学習者の鑑賞力の成長をめざしています。美術に関する学びは、必ずしも言語学習と同じではありませんが、「作品」を英語学習で学ぶ「題材」と置き換え、学習活動を「新しい世界との出会い」、「たくさんの視点の発見と視野の広がり」、「社会性を育てる機会」の視点から考えれば、本書が提案するポートフォリオの学びの志向と重なります。英語学習においても、この3点を意識することが、「自分との対話」につながっていくと考えられます。

▶5. 教師の役割の転換

　ある意味で、「学校における教師の役割」という考え方は、本書で提案する英語学習ポートフォリオにおいて、学習者の自立に次いで、最も重要な考え方の1つと言えるかもしれません。なぜなら、学校における学習の枠組みを決定するのは教師で、教師が変わらなければ、学習者である生徒も変わるはずはないからです。本書で提案する教師の役割は、従来型の伝達者としての教師ではなく、生徒と共に学びを構築する「学習者としての教師」となります。

5.1 生徒と共に学ぶ教師

　第1章で示した「まなびをゴールとの関係からではなく、不確定の未来に向かう変化のプロセスとして捉える」という考え方は、学校での学習を、生徒が教師と共に構築する協同的な過程として捉える考え方です。この考え方に立った場合、教師も完成された専門家としてその知識や技能を生徒に伝えるのではなく、設定した学習目標に向かって教師自身も生徒と共に学びを構築していくことになります。

　これまでの授業形態では、教育を効率よく促進するためには、教師によるトップダウンの指導が重要視されてきました。しかし、画一的な枠組みにこだわって、個別の学習者の多様性に答えられないという弊害も生まれ

理論編

ました。その弊害を改善するためには、授業を教師と生徒との共同作業で構築するという考えを検討する必要があります。

　例えば、プロジェクト型の学習では、一方的に教師が知識や技能を伝授するという方法ではなく、学習者自身が課題を理解し、クラスメイトと協同して課題に取り組む過程で、さまざまな理解や発見を経験します。教師自身も、学習者がその学びのプロジェクトにおいてどのような発見をするのか分かりません。教師はプロジェクトの調整役として、学習者の活動を支援します。その過程で、学習者が学んだ成果と、それによる気づき・変化から、教師も学習者と同じ目線でプロジェクトを評価し、その過程や結果から学んでいくわけです。その際、ポートフォリオは教師と学習者の共通目標として、学びの羅針盤のような働きをします（図4.3）。

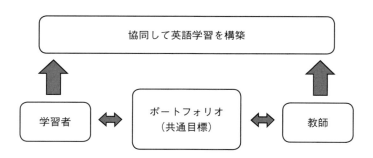

図4.3　共通目標としてのポートフォリオ

5.2　インストラクション・デザインの見直し

　本書の冒頭で、教師が自分の思い通りの授業設計ができていない実態に触れました。「開発編」第1章で紹介する英語学習ポートフォリオは、教科書の各単元をベースにしたプロジェクト型学習を提案しています。このプロジェクト型学習を設定する際には、教材の題材と言語材料、学習活動、評価といった観点を統合的に検討するため、これまで取り組んできた授業の繰り返しではなく、授業改善につながる全体的なインストラクション・デザインの見直しの機会を提供することにもなります。

具体的には、各学校でポートフォリオを作成する際、以下のような流れとなります。

- 目標の決定：学校の教育目標と生徒の実態を考慮して、英語の授業の学習目標を決定する。その際、英語の言語の機能的な働きとして、Can-do リストの形式で検討する。
- 内容：上記の学習目標からさかのぼるバックワード・デザインとして、授業内容を検討する。例えば、授業で使用する教材（検定教科書、副教材、資料）や学習者の興味・関心から、具体的な授業におけるプロジェクトの内容を検討する。
- 評価：学習目標、内容から、その評価方法を検討する。
- 動機づけ：生徒自身の学習の振り返りを通じて、学習意欲の向上を図る。

　このように、英語の言語の機能的な働きとして、Can-do リストの形式で検討することから、それを具現化する指導内容を検討することは、各学校のインストラクション・デザインの実効的な見直しにつながります。

5.3 教師の振り返りと成長

　学習者の省察が自律性の育成に重要なことはすでに述べましたが、教師にとっても、授業力への省察は、自律的な成長において欠かせない取り組みとなります。例えば、担当する教室において、教師自身が設定したテーマに沿った実践を通じて、調査・研究を行うアクション・リサーチの方法があります。Schön（1983）は、実践者は reflection-in-action（実践中の省察）、および reflection-on-action（実践後の省察）を通じて、専門的な実践を繰り返す中で形成された固定化した考えを批判的に捉えることができ、将来的に遭遇する不確かな状況に対して理解できるようになるとしています。教師自身も言語学習ポートフォリオの実践を通じて、生徒との連携を可視化し、そこで得られた情報から、自律的に自己の授業力の成長をめざすことになるわけです。

特に、ある程度の年月の教職経験を持つ教師の場合、自らの授業の基礎となる原則やそれに沿った授業の方法を確立していて、それを「向上」、あるいは「変化」させるには、ルーティンの取り組みからの脱却を促すスプリングボードとしての取り組みが必要となります。Kubanyiova (2012) は、言語教師の概念変化の統合的モデル（integrated model of language teacher conceptual change）という、教師が自己概念を変化させるモデルを提示しています。そのモデルではそれまで形成した教師としての自分の資質にズレを覚えるような新たな課題に直面した際に、言語教師が自分の概念を変化させる状況を分析しています。つまり、教師がまったく違和感を抱かない同じ取り組みの繰り返しでは、自律的な省察を促したり、教師がそれまで基準としていた姿勢を変える原動力とはならないわけです。

例えば、ポートフォリオを利用して、プロジェクト型学習を設定するには、学習者の興味・関心を判断して、創造的に授業を組み立てるデザイン力が必要となります。つまり、授業で扱う題材によって、それに適した学習活動を工夫する必要があり、その際に取り組むべき学習を可視化し、学習者に直接提示するので、教師が「自分の得意なことだけ」を行うことを防ぐことにもなります。

また、ポートフォリオは英語の教師同士の指導の共通基盤となるので、それを利用して、校内研修などの資料として活用し、学校内の意思疎通を図ることができます。これによって、教師同士が受験指導などの名目で、固定的な視点で縛り合って、学校全体としての英語教育の改善ができなくなる、いわゆる「同僚性の問題」の改善にも役立つ可能性があります。

▶6. 教師のポートフォリオ（J-POSTL）

教師の振り返りを支援するツールとして、Japanese Portfolio for Student Teachers of Languages（以下 J-POSTL）があります。J-POSTL は、日本大学英語教育学会の専門分野の研究会（SIG）である教育問題研究会によって開発された、自律的な成長を支援する授業力省察ツール、「言語教師のポートフォリオ」です。その源泉となっているのは、EPOSTL (European Portfolio for Student Teachers of Languages: ヨーロッパ言

語教育履修生ポートフォリオ）で、CEFR の言語教育の枠組みを教育現場で具体化するために、教師教育のツールとして開発されました。それを日本の教育的な文脈を考慮して翻案化して開発したポートフォリオで、「英語教師教育全編」、「英語教職課程編」、「現職英語教師編」の3種類があります。英語学習ポートフォリオが学習者のための支援ツールであるとすれば、J-POSTL は教師や教師教育のための支援ツールとなります。

学習者にとって自分の経過を振り返ることは、生徒にとっても教師にとっても同じです。教師が自分の授業改善において何も取り組まないまま、それまで行ってきたことを続けるだけでは、「振り返る」材料はありません。英語学習ポートフォリオの取り組みは、教師にとっても、その授業改善の機会とその取り組みを自己評価する機会を与えてくれます。その際に、授業力という観点から振り返るきっかけを与えてくれるのが、J-POSTL です。

図 4.4　J-POSTL の表紙と「学習者の自律」の項目

J-POSTL は授業力の種類によっていくつかの分野に分かれていますが、具体例として、英語学習ポートフォリオにおける重要な視点の1つである「学習者の自律」(learner autonomy) の授業力の記述文を以下に示します。

(1) 学習者が各自のニーズや興味・関心に合ったタスクや活動を選択するように支援できる。
(2) 学習者が自分の学習過程や学習成果を自己評価できるように支援できる。
(3) 学習者が自分で目標や学習計画を立てる手助けや指導ができる。
(4) 学習者が自分の知識や能力を振り返るために役立つような様々な活動を設定できる。
(5) 学習者が自分の学習過程や学習スタイルを認識し振り返るために役立つ様々な活動を設定できる。
(6) 学習者が自分の学習ストラテジーや学習スキルを向上させるのに役立つような様々な活動を設定できる。

例えば、「(1) 学習者が各自のニーズや興味・関心に合ったタスクや活動を選択するように支援できる」ようになるためには、学習者のニーズや実態、教材、評価方法などを総合的に判断して、授業をデザインする創意工夫が必要となります。その過程で、教師は自分の授業力を向上させる新たな気づきを得ることができます。

この教師の授業力のポートフォリオを使って、自分の変化を客観的に自己評価することは、日常の授業の支援的なシステムとして、有意義な効果が期待できるでしょう。「実践編」においても、それぞれの学校において、ポートフォリオ学習に取り組んだ教師が、上記の観点から、それぞれの取り組みについて振り返りを行っているので、参考にしてください。

第5章 ポートフォリオで取り組む英語学習の方法

▶1．学習方法の転換 —— 交流型の学びへ

　将来の英語使用者を意識した学習活動においては、教室は擬似的な実社会の環境を提供する場となります。学習者は英語に関する知識や技能だけでなく、教科横断的に、それまで培ったすべての知識や判断力を総動員して、テーマに沿って設定された「実社会的な学習環境」の中で学びを構築します。

　ポートフォリオ学習を進める上で、学習における「集団」と「個人」という関係性が重要な要素となります。その理由は、学習を通じて、学習者の考え方や信条が実際に変化するために、学習者が自分の属する学習集団との交流を通じて、互いに影響を及ぼし合うことが必要となるからです。例えば、最近、「アクティブ・ラーニング」という言葉をよく聞きます。それは知識伝達型という考え方を見直し、学習者が主体的に学びに取り組むことを重視するようになっています。その方法として、グループ・ワークなどの交流型の学習を重視する流れになっていることを示しています。しかし、ただグループという集団になるだけでは、「交流」は生まれません。集団の学習の過程で、個々の学習者の学びの資産を生かした「連携」が発生した時に初めて、充実した学びの交流が生まれるのです。

▶2．プロジェクト型学習

　実社会において、言語活動は多様な現実的課題と結びついています。その意味で、英語学習においても、多様な現実的課題と向き合う必要があります。例えば、中学や高校の英語の教科書が扱うテーマは、地理的な話題、環境問題、歴史的な話題、さらには人権的な話題や平和問題など多種多様です。そのテーマに関連した語彙や表現、考え方があり、言語学習はそのテーマと切り離せません。学習者がそれまで蓄積してきた思考力や知

識を駆使して、課題に取り組み、その課題に必要な英語の表現を学びます。その学習過程において、英語という言語を学ぶ必然性が生まれます。文法事項や単語などをひたすら覚えることや、英文をひたすら和訳するだけでは、自分の思考力を十分に使うことはありません。このような学習では、「学習のプロセス」は意味がありません。

「自立的学習者」の項《➡第4章4.1》で、学びの始まりから、さまざまな学習活動を経て、学びを達成していく「学習の取り組み過程」が重要であると述べました。その理由は、学習の過程で、自分の方法や信条について問い直す機会が生まれるからです。このような学習のプロセスを意識できる方法に、プロジェクト型の学習があります。学習のプロセスを可視化できるという意味で、ポートフォリオ学習はプロジェクト型学習と組み合わせることが重要となります。

また、繰り返し同種の問題を解くようなドリル的な英語学習の場合は、機械的なパタン・プラクティスとなりがちで、学習者にとって英語を使用する状況が理解しにくい面があります。

それに対して、プロジェクト型学習は、学習者自身が調べて、検討したことを英語で発表したり、意見交換を行うことが前提となるので、実際に英語を使用する機会をより多く設定することができます。この学習は、前提として解決すべき課題があり、その基本的な流れとして、「課題の把握」→「プロジェクトの計画」→「協同学習的取り組み」→「課題の解決への提案」→「成果の確認」となり、学習プロセスが明確になります。また、それぞれの学習の段階で、取り組み方の見直し作業を伴うことから、段階ごとに「考える機会」を提供することができます。

田中（2011）は、プロジェクト型学習の基本的な構成と活動について、「プロジェクトは「行為名」で、トピックはその「テーマ」である。トピックの本格的な展開がプロジェクトである」と述べています。英語学習で考えると、この「テーマ」は、課題となる題材で、その課題に取り組む英語学習活動がプロジェクトとなります。また、その方法として、「discussion, research, presentation の3つの活動を含み、これが方法論上の大きな特徴」であるとしています（田中2011）。

また、鈴木（2012）は、プロジェクト型学習における「プロジェクト」の特徴の段階性について、次のように述べています。

> 目標設定、情報の獲得、戦略立て、課題解決策の提案を行うプレゼンテーション（社会への披露）、さらにその全体を俯瞰し価値あるコンテンツを再構築することで、目で見え、手で触ることができ、他者に役立つ成果を生み出すのがプロジェクトの特徴です。そして最後にここで成長した自分を自覚する静かな時間をもちます。プロジェクトはこの一連のフェーズ（段階）を必要とします。

この「一連のフェーズ（段階）」を確認することで、学習者は、自分の学びがいくつかの段階において課題解決策を検討し、さらにその方法を提案するという過程を意識することができます。このように、課題を克服する過程で、学習者は自分の成長をよりパーソナルな（自分にとって身近な）形で確認することができます。

また、プロジェクト型学習は、状況に応じて、本格的に時間をかけて調査・研究に取り組んで、その成果を発表するものから、教科書の題材を発展的に活用して自己表現活動につなげるものまで、さまざまに設定できます。重要なことは、授業において扱う題材を有効に活用して、意味のある言語活動を設定することにより、学習者にとって習得すべき言語材料や技能を必然的に活用する状況を作り出すということです。

▶3. プロジェクト型学習に必要な要素

プロジェクト型学習は、基本的に集団型の学習となります。ただ、その集団学習の成否は、個人の学習者同士がうまく連携して集団の学習活動を構築できるかどうかがポイントとなります。その際、配慮すべき要素が2つあります。それは、「協同学習」と「多様性の尊重」です。

3.1 協同学習

プロジェクト型学習の具体的な考え方の例として、交流型の学習の1

つである「協同学習」の考え方があります。協同学習とは交流型の学習形態で、効果的なグループ学習を行うには、以下の5つの基本原則が重要であるとしています(バークレイ・クロス・メジャー 2009)。

(1) 肯定的相互依存
(2) 促進的相互交流
(3) 個人と集団の責任
(4) 集団作業スキルの発達
(5) グループの改善の手続き

　上記のうち効果的な学習を行う上での人間関係に関係するのが、(1) 肯定的相互依存と、(2) 促進的相互交流です。「肯定的相互依存」というのは、個人の成功はグループの成功と結びついていて、グループが成功すると個人も成功するという考え方です。グループの課題を達成するには、メンバーそれぞれの責任が重要で、この点でグループのメンバーは互いの努力を認め、尊重し合うことが求められます。「促進的相互交流」に関しては、学生がお互いに積極的に助け合うことを期待されています。課題を達成するために、グループの各メンバーが、互いに支援し合う際に、必然的に話し合うという交流が発生します。これが促進的な相互交流となります。

　学習集団におけるこのような互恵的な相互依存関係は、生徒同士が協力的な関係で学習を行うことで、クラスの雰囲気作りに寄与します。具体的には、次のような効果が期待できるでしょう。肯定的な信頼関係を促進することで、学習者同士の教え合いを促進することができます。また、外国語学習が持つ不安感の軽減、例えば、間違いを恐れることが減るなど、より積極的な活動志向になります。

　例えば、「異文化理解」をテーマにした学習においては、学習者自らが、その学習体験として他文化と自文化の差異に気づく必要があります。その意味で、教師からの知識伝達型の学習より、体験型の学習のほうが適していると言えます。

ポートフォリオ学習の前提となるプロジェクト活動においても、協同学習の考え方は重要となります。基本的に、プロジェクト型の学習は、学習活動の目標として課題を設定し、グループ形式でその課題に沿って、自主的に創意工夫をして取り組むものです。英語のプロジェクト型の学習では、その課題の取り組みを目標言語である英語で行うことになります。グループ内の意思疎通を図る段階から、その課題の発表という流れの中で、グループのメンバー内で信頼関係を構築し、課題に対する自分たちなりの解決方法を見出します。その成果を、他のクラスメイトに対して発表し、その反応を分析して、自分たちの取り組みの自己評価を行います。このような学習活動の流れにおいて、学習者同士が協同して、外国語の学びを構築していきます。

また、協同学習を考える上で重要なのが、「役割分担」という考え方です。メンバー内で信頼関係を構築するには、それぞれが役割を担って、グループにおいて貢献できていると実感できることが重要となります。例えば、課題で何かを調べる必要が生じた時、インターネットでの収集が得意な生徒、書籍での調べ学習が得意な生徒、また実際に口頭でのインタビューが得意な生徒に分かれて、それを統合する際に、互いの活動の貢献を実感できます。このようなそれぞれが貢献できる役割分担という意識に基づいた活動は、生徒同士の集団学習への理解を深めます。

3.2 多様性の尊重

ポートフォリオ学習の最も重要な目的の1つとして、英語という外国語学習を通じて、さまざまな文化や社会の人々と向き合うことができるようになることを挙げました。しかし、未知の言語や異文化を学ぶことは、誤解に起因する不信や対立などの危険性や、不安感に起因する消極性など、さまざまな困難を伴います。このような学習状況で、教師自身の異文化に対する考え方や観点が、その授業運営に大きな影響を及ぼすことを理解する必要があるでしょう。

しかし一方で、学校では集団的な学習をスムーズに運営することが優先され、ともすると画一的な方向性になる傾向があります。それを防ぐ方法

として、教師は、まず自分が担当する生徒たちの多能性を理解することが重要となります。

多能性について、Farrell & Jacobs（2010）は、「人格、知性、プロフィール、学習スタイル、民族性、人種、宗教、性的志向、国籍、社会的身分、肉体的身体的能力」を挙げています。さらに、クラスの中で、互いに違う考えを持った人々と共に、共通の目標に向かって協力し合うことの意義を理解させることは、クラス自体が多様性の尊重される環境となり、異文化の人々との交流方法を学べる環境のモデルになるとしています。「言語教師は、学習者がそれぞれの多様な学習方法に対して気づきを促進できるように常に支援し、その違いに対応できるように、様々な教授法や活動を活用できるように努める」べきであるとしています。

本来、学習者はそれぞれ異なる学習の適性があり、共通の学びのテーマであっても、それに対する考え方や感じ方は違うはずです。例えば、プロジェクト型の学習として、地域社会における他文化との共生というテーマを取り上げ、そのテーマから発展的に、「外国出身者と地域社会で共生していくために、協同のルールを構築する」ことを課題にしたとします。その際、「外国出身者」の考え方や感じ方を理解する必要があります。例えば、共同のルールとして、地域の美化というテーマを掲げた場合、次のような取り組みが可能です。

- クラスをいくつかの国の出身地のグループに分ける。
- それぞれの国のコミュニティに対する「美化」の考え方を調べる。
- それぞれコミュニティを代表して「美化」の考え方を発表する。
- 日本という社会と出身地との違いを考える。
- 違いを考慮した、協同のルールを考える。

上記の学習活動の過程で、普段の自分の「日本人としての視点」とは違う、多様な見方に気づくことができます。

▶4. プロジェクト型学習の例

プロジェクト型学習は、そのテーマや目的によって、さまざまに展開が可能です。一般的に学校では検定教科書を使用しているので、教科書の各題材のテーマを活用したプロジェクト型学習を設定できます。さらに発展的な取り組みとして、実社会の課題や行事に連動させることもできます。また、英語の授業時間数や習熟度など、各学校の実態に合わせてさまざまなプロジェクトを設定することが可能です。以下に、その具体例を示します。

4.1 教科書の題材を活用する例

最初に、教科書の題材を活用した例を紹介します。教科書の題材を利用する方法は、日頃の授業の枠の中で設定できるので、比較的取り組みやすい活動となります。例として取り上げる題材は、*POLESTAR English Communication II*（数研出版）という教科書の"Table for Two"で、発展途上国への食の支援をテーマにしたものです。簡単に内容を紹介すると、発展途上国の学校給食を充実させるために、日本で1食ごとに20円の寄付を行うというプロジェクトです。最初に日本の6つの会社が開始し、それが100以上の会社、大学、病院に広がり、実際に途上国での子どもの進学につながったという内容です。

この題材をプロジェクト型学習として発展的に考えた場合、「自分は発展途上国の学校給食を充実させるために何ができるのか」という具体的な課題を設定できます。この課題を学習の最初に学習者に周知させることで、授業において取り組むべき活動が明確になります。また、習得するべき言語材料も、実際にその課題解決の方法を提示する際に活用する可能性が高いため、具体的な使用状況が理解でき、定着にもつながります。

Table for Twoのプロジェクトは、実際の社会的な支援活動として、団体だけでなく、個人でも参加可能です。"Table for Twoプログラム"を実施しているレストランやカフェで、"Table for Twoヘルシーメニュー"を購入することで、参加ができる仕組みになっています。この活動をグループワークとして設定し、このプロジェクトを活用して、自分たちができる

ことや、効果的な支援方法を考え、英語で提案することができます。さらに、提案された案に対してそれぞれ意見を述べて、検討することもできます。その際に単元で学んだ英語表現を使用すれば、言語材料の適切な使用方法の理解と定着にもつながります。

　プロジェクトを設定することで、その単元の lesson goal も明確になります。例えば、「支援方法を提案できる」「提案された案に対して、根拠を示して賛成、あるいは反対の意見を述べることができる」という目標が考えられます。

4.2　実社会の行事に連動した例

　実社会の行事に連動した本格的なプロジェクト型学習の例として、筆者が参観したウィーンの 14 歳～19 歳が在籍する中等学校（Hertha Firnberg Schulen für Witrtschaf und Tourismus）の例を紹介します。この事例は、普段使用する教科書ベースの学習の枠を超えた、教科横断的な取り組みとなります。日本の学校で応用する場合、さまざまな制約があり、調整が必要になると思いますが、プロジェクト型学習の本来のあり方を示していて、今後の英語教育を考える上で示唆に富んだ活動となっています。

　このプロジェクトは、実際の欧州議会の選挙をテーマにした異なる意見同士を民主的に検証することがテーマです。その内容はグループ活動として学生が実際の欧州議会の政治グループの主張を調べ、その主張をプレゼンテーション形式で発表し、討論を行うというものです。この活動の重要な点は、「欧州議会の選挙という社会的なイベントを通じて、学習者が異なる意見を民主的に検証する」ことが中心的な学習活動となり、「英語を学ぶ」ことは、その過程で必然的に取り組む環境になっているということです。その概要を以下にまとめます。

　このプロジェクトの目標は、「ヨーロッパ市民を育てる言語学習（英語）」です。授業の手順は次のようになります。

　まず、欧州議会選挙において争点となる重要な移民政策、経済問題などのテーマについて、ディスカッションが行われます。この時、EU の Web サイト上の題材のビデオを見たり、インターネットでそのテーマに

対する欧州議会政治会派の意見を調べます。さらに、この意見の調査をもとに、学生の各グループが保守党、社会民主党、緑の党などの各会派に分かれて、選挙運動の演説を行います。演説の後、その内容をもとにディスカッションを行います。

上記の取り組みを行った時点でも、ヨーロッパは移民などの対応にさまざまな意見があり、生徒たちも活動の社会的な重要性や必要性を認識しているようで、真剣に取り組んでいました。このプロジェクト型学習が示唆しているのは、言語学習は社会的な活動であり、その意味で政治的なテーマから無縁ではないということです。担当の教師は、「ヨーロッパ市民を育てる」という観点を強調していましたが、現在、EU が直面しているさまざまな問題を、学習者が自分自身の問題として考える機会を提供している点で、このようなプロジェクトの観点はより重要なものとなっています。

日本でも選挙の参加年齢が 18 歳からとなり、高校での主権者教育として取り組んだ場合、生徒は自分の英語学習が実社会と連動していることをよく実感できると思われます。主権者教育の目標の 1 つは、政治を人任せにするのではなく、自分自身の責任と義務において取り組むべきことであると理解することでしょう。その意味で、課題を自分の問題として捉えるプロジェクト型学習は、このような実社会の題材をテーマにした活動に適していると言えます。

例えば、公民科と連携した教科横断型学習として、「海外の人々に日本の政策を理解してもらう」という視点で取り組めば、英語で取り組む必然性も生まれます。このような取り組みを行うことで、国内の課題を日本という枠からだけでなく、海外の人々の視点を意識して、より客観的に考えることができる可能性もあります。

4.3 内容言語統合型学習の例

内容言語統合型学習（Content and Language Integrated Learning, 以下 CLIL）は、内容（社会や理科などの教科ないしは時事問題や異文化理解などのトピック）と言語（実質的には英語）の両方を学ぶ教育方法で、

本書の実践編でもその取り組みが紹介されています。教科内容を重視したタイプと、英語教育の枠組みから行うタイプがあります。本来の CLIL の趣旨を考えると、教科内容を重視したものとなり、あくまでも言語学習はそれに付随するもので、英語教育の枠組みを超えた設定が妥当です。しかし、日本の学校の教育環境を考えた場合、内容と言語を統合的に学習するという CLIL の利点を生かすために、現時点では英語教育の枠組みから始めることも必要です。

和泉（2016）は、CLIL の教育的利点の１つとして、言語的な能力だけでなく、生徒の持つさまざまな知能への働きかけを挙げています。

　　従来型の英語教育で重視されてきたのは言語的知能であるが、その中でも特に文法分析力や暗記力といったより狭い意味での知能が極端に強調されてきた。そういったクラス環境の中では、文法的感受性に優れていない子は、劣等生のレッテルを貼られてしまいがちであった。そして劣等生と印を押された子どもたちの多くは、「英語が苦手」、または「英語が嫌い」といった感情を抱き、最悪の場合は英語を避けるようになってくる。しかし、英語の好き嫌いや得意不得意は、文法的感受性や暗記力だけで決まるものではないはずである。もし彼らが「嫌い、苦手」と言っている英語が機械的で無味乾燥な文法練習と単語の暗記だけを意味しているならば、これからの英語教育は、英語を本来の意味での言葉として、またコミュニケーションの手段として扱うことで、狭い意味での「英語」の限界を乗り越えていかなければならないだろう。

現在の学校における英語の授業に、主体的に取り組むことができない学習者の割合が多いこと《➡「序章」参照》を考えれば、「狭い意味での「英語」の限界を乗り越え」るという考え方は重要です。和泉（2016）は、さらに CLIL のメリットについて、「言葉と内容教育の両方に焦点を当てるので、必ずしも言語能力が高くない生徒であっても、内容面に興味があれば、CLIL のクラスで十分に学んでいける」としています。この考え方

は、本書で提案するポートフォリオ学習が、「英語学習において、単に言語の材料の理解や暗記にとどまらず、学習者個人にとって意味のある学びにする」ことを志向している点で、プロジェクト型学習の1つとして、CLILの方向性と重なることを示しています。

4.3.1　CLILの枠組み

　CLILは「4つのC」で授業が組み立てられています。「4つのC」とは、Content（科目やトピック）、Communication（単語・文法・発音などの言語知識や読む、書く、聞く、話すといった言語スキル）、Cognition（様々な思考力）、CommunityないしCulture（共同学習、異文化理解、地球市民意識）となります。このうち、Cognition（様々な思考力）が最も重視されます。

　教科書の単元をベースにしたプロジェクト型学習は、学習者のそれまでの学習知識を活用して、教科横断型の活動も可能となります。また、CLILを使った学習は、「英語を学ぶ」から「英語で〜を学ぶ」という観点から指導を行うので、英語という言語自体を学習の目的とするのではなく、「学習の内容」を重視することになります。

　CLILの実践では、次の10項目を満たすように教材を準備し、指導します（池田 2013）。

（1）内容学習と語学学習の比重を等しくする。
（2）オーセンティック素材（新聞、雑誌、ウェブサイトなど）の使用を奨励する。
（3）文字だけでなく、音声、数字、視覚（図版や映像）による情報を与える。
（4）様々なレベルの思考力（暗記、理解、応用、分析、評価、創造）を活用する。
（5）タスクを多く与える。
（6）協同学習（ペアワークやグループ活動）を重視する。
（7）異文化理解や国際問題の要素を入れる。

(8) 内容と言語の両面での足場（学習の手助け）を用意する。
(9) 4技能をバランスよく統合して使う。
(10) 学習スキルの指導を行う。

「実践編」第5章では、上記の考え方をもとに、教科書の単元をベースにして、プロジェクト型学習に取り組んでいます。

4.3.2 検定教科書の単元を活用した高校の授業例

前述したように、CLILには教科内容を重視したタイプと、英語教育の枠組みから行うタイプがあります。この例は、英語教育という枠組みから紹介となります。（題材："The Bitter Truth about Chocolate" *All Aboard!: Communication English II*（東京書籍））

表5.1 検定教科書の単元を活用した CLIL の例

Content（内容）	Communication（言語学習）	Cognition（思考）	Community/Culture
ガーナ、コートジボワールのカカオ栽培と児童労働の問題	語彙：low price, producer, consumer, fair trade 文法（使役動詞）：they often make their children work on cacao farms to help them	・カカオ栽培と児童労働の実態の理解 ・解決方法としてフェアトレードなど貿易システムと自分が取り組める活動を考える	フェアトレードの貿易システムについて、グループで検討し、日本での取り組みについて発表を行う

題材としての Content は「ガーナ、コートジボワールのカカオ栽培と児童労働の問題」となります。その題材を、発展的に活用して Community/Culture の目標として、「フェアトレードの貿易システムについて、グループで検討し、発表を行う」に取り組みます。その過程で、Communication（言語学習）として、「語彙：low price, producer, consumer, fair trade」、「文法（使役動詞）：they often make their children work on cacao farms to help them」などの言語材料を学びます。この一連の過程で、Cognition（様々な思考力）として、「カカオ栽培と児童労働の実態を理解し、解決方

法としてフェアトレードなど貿易システムと自分が取り組める活動を考える」活動を行います。

　上記のようなプロジェクト型学習を通じて養われる「思考力」とは、抽象的な概念の理解だけでなく、社会における具体的な問題解決能力の育成につながります。「実践編」では、種類の異なる題材を活用した取り組みを紹介しています。

4.4　協調学習の例

　協調学習（collaborating learning）は、協同学習（cooperative learning）《➡ 3.1》との関連で言及される学習方法の1つです。協同学習が、小グループの学びを前提として、学生が自分自身の学びを最大限にするために共に学び合う学習法であるとしたら、協調学習は、「知識は物事に精通している仲間同士の共通認識によって社会的に作り出されるもの」であり、「人々がともに話し合い、合意に達することで構成されるもの」（バークレイ・クロス・メジャー 2009）としています。

　本書の「実践編」において、大学発教育支援コンソーシアム推進機構と連携した実践を行い、その取り組みを紹介しています《➡「実践編」第4章参照》。大学発教育支援コンソーシアム推進機構のWebサイトでは、そのコンセプトを次のように紹介しています。

> 　学習のプロセスをよく見ると、1人ひとりの学習者が何かを「わかって」いくときの道筋は多様です。同じ事実に出会っても、そのとらえ方は1人ひとり違います。この違いを生かしあって、各自が自分なりの理解を深め、学んだ成果の適用範囲をひろめてゆける学習の仕方を「協調学習」と呼びます。

　そして、その目標として、「多様な理解が統合されて考えが深まる」「1人ひとりが仲間とのかかわりのなかで、自分なりに納得する」「自分なりの納得が適用できる範囲が広がる」ことを挙げています。

　上記の観点を考えると、「協調学習」も、学習の多様性や理解に至る学

習のプロセスを重視するプロジェクト型学習の１つと言えるでしょう。さらに、協調学習を引き起こすには、協調学習が起きやすい環境をデザインする必要があります。先の大学発教育支援コンソーシアム推進機構では、以下の４つのポイントを挙げています。

- 一人では充分な答えが出ない課題をみんなで解こうとしている
- 課題に対して一人ひとりは「違った考え」を持っていて、考えを出し合うことでよりよい答えをつくることができる期待感がある
- 考えを出し合ってよりよい答えをつくる過程は、一筋縄ではいかない
- 答えは自分で作る、また必要に応じていつでも作り変えられるのが当然だと思える

　こうしたポイントを踏まえ、協調学習が起きやすい環境を教室に作り出す方法の１つが「知識構成型ジグソー法」であるとしています《➡「実践編」参照》。

開発編

高校生用ポートフォリオの開発

第 1 章　英語学習ポートフォリオの開発

第 2 章　英語学習ポートフォリオの試行的な取り組み

第1章　英語学習ポートフォリオの開発

▶1.　My Learning Mate の開発

本章では、「理論編」で検討した観点を踏まえて開発した、高校生用の英語学習ポートフォリオ、My Learning Mate（以下 MLM）について解説します（清田 2014a, b）。これは、英語を学ぶ高校生に寄り添って、支援することを意図して名付けられました。各学校でポートフォリオを作成する際に、「理論編」と合わせて参考にしてください。

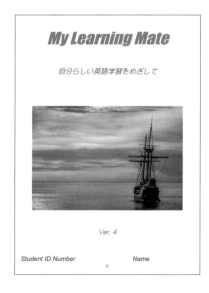
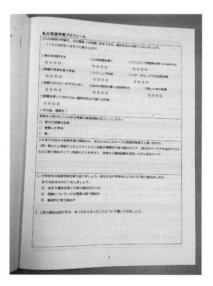

図 1.1　MLM の表紙と「私の英語学習プロフィール」の項目

ポートフォリオの一番の目的は、学習者の英語学習への意識を変え、その結果、意欲を向上させることにあります。筆者はこれまで、大学生の英

語リメディアル教育に取り組み、英語学習に対して意欲が低い学習者や、否定的な態度を持つ学習者について研究を行ってきました。その結果、英語学習に対して否定的な態度を持つ大学生の多くが、中学や高校の早い時期に学習につまずき、その後、意欲が低いままになっていることが分かりました。つまり、英語学習への基本的な態度の養成時期である中学や高校での学習経験が重要なことが判明しました。実際、筆者自身も長く高校の教師をしてきた経験から、中等学校段階での英語教育の改善の重要性と、その支援の必要性を実感していました。

　そこで、中学段階での英語学習に成功体験があまりない学習者を対象とした、高校生用のポートフォリオの開発に取り組むことにしました。まず高校生用を開発したのは、中学生に比べ自分の学習に対して意識的になり、将来の進路などのイメージがより明確で、英語学習のニーズを理解しやすいと考えたためです。もし、このような学習者の英語学習への意識を変え、その結果、意欲を向上させることができたなら、さまざまな学習背景を持つ学習者への応用の可能性があり、英語学習ポートフォリオとしての汎用性は広いと判断したからです。実際、ポートフォリオを活用して、英語力や学習環境が異なる学校で実践を行いました。さらに、担当教師の実践方法も多岐にわたっています。その結果は、どのような学校でも、英語学習ポートフォリオの活用の可能性があることを示していました。各校の実践の状況は、「実践編」で報告しているので、自分の学校の状況に近い取り組みを参考にすることができます。

▶2. ポートフォリオ（MLM）の構成

　今回開発したポートフォリオ（MLM）の構成の大枠は、以下の通りです。

- 取り組むための準備活動として、学習者が自分と英語学習の関係を考える項目
- 英語学習を進めながら、自分の学習活動を具体的に振り返り、検討する項目

「学習者が自分と英語学習の関係を考える項目」では、これまで学習者自身がどのような英語学習を行ってきたのかを記述し、その学習の経歴から、自分の学習態度や傾向を考える機会を持つことをめざしました。また、過去の経験を検証し、卒業後の進路との関連から英語学習を考えることで、将来、実際に英語を使用する観点から、自分の学習を具体的に考えることができるようになることも期待しました。

また、「自分の英語学習を具体的に振り返る項目」では、まず普段の英語学習の中心的な教材となる検定教科書を使って、短期的な視点での各レッスンの目標を確認します。その後、自分の取り組みの経過と成果を記録し、振り返る活動を行います。

さらに、年間の長期的な英語力の目標として、Can-do形式の学習目標を設定し、日常の学習が長期的な英語力の伸長につながっていることを、学習者が意識できることをめざしました。

MLMの構成、主に各項目とそのねらいについて、表1.1にまとめます。

表 1.1　My Learning Mate の各項目とそのねらい

項目	ねらい	活用時期
授業で役立つ英語表現集	授業中に使う英語表現集である。先生に質問したり、指示を求めるときに使う。MLM では「生徒になるべくたくさんの英語を使わせる」ことをめざしているので、生徒が使える教室英語として、年度の最初に確認させる。	年度の最初に解説し、その後年間を通じて活用
私の英語学習プロフィール	生徒の英語学習の目的と適した学習スタイルを確認する。これまでの英語学習を振り返り、生徒自身が自分の外国語学習のスタイルを確認する。	年度の最初に記入し、必要な時期に修正
私のドシエ	ドシエとは「書類」の意味。英語学習（学校の内外）に使ったいろいろな資料を整理して、ファイルにまとめる。英語だけでなく、外国語や外国の文化全般に関して経験したことや学んだ資料も含む。	年度の途中で適宜まとめ、記入
英語学習の目標と自己評価	この1年間の英語学習の達成目標である。4月の授業開始時と各学期終了後に確認する。「学びの記録」の各単元の学習の蓄積がこの年間の目標の達成につながることを確認させる。	年度の最初に記入し、必要な時期に修正
未来の自分と英語学習、自分の木	将来なりたい自分と英語学習を関連させて、「自分のための英語学習」を考える。「自分の木」は自分の将来やそれに向けた取り組みを考えるもので、「英語学習の目標と自己評価」を確認する際に、同時に見直す。	年度の最初に記入し、必要な時期に修正
学びの記録	教科書の各単元の学習の前に目標を確認して、終了後に自分の達成度を自己評価する。さらに学習を通じて気づいたことを記録する。	年度の開始から終了まで
これからの課題	この冊子を使ってみて、自分の将来と英語学習について気づいたことを記入させる。年間の学習を通じて気づいたことを記録させることで、学習の継続につなげる。	年度の最後

2.1　自分の英語学習へのニーズを考える「自分の木」の項目

　「学習者が自分と英語学習の関係を考える項目」の中で、最も重要な項目が「自分の木」です。ここでは、その背景と意図を解説します。

　これは「理論編」の「自立的学習者」の項《➡第4章4.1》で言及した

「学習者としての自己イメージ」に対応する項目です。

「自分の木」のアイディアは、アメリカのマイノリティの生徒が多い地域の学校の初等学校から中等学校卒業後の学生を対象にした取り組みで、The Possible Self Program（Hock, Deshler & Schumaker 2006）を応用したものです。このプログラムは、自分自身の可能性を積極的に捉えて、「可能性としての自分（possible selves）」を考えることで、在籍する学校における中退率の減少や学習意欲の改善をめざす試みです。

MLMの「自分の木」は、具体的には、現在の英語学習と将来の自分の可能性を考えることで、英語使用者としてのイメージを強化させることをめざします。学習者はこれまで、実際に英語を使う機会が少ないことから、英語学習は学校内の学習で完結してきた傾向があります。自立的な学習者になるということは、「将来の英語使用者」になるために、個人の学習を自律的に継続するために、自分に適した「学び方を学ぶ」ことになります。そのためには、学習者が自分の日々の学習と関連しながら、「将来の言語使用者」としてのイメージを強化できるように支援する必要があると判断しました。

2.2 「自分の木」の特徴

「自分の木」の特徴は、以下の３点です。

- ３本の大きな幹（将来の仕事、一般的な人間としての自分の成長、英語学習）に、具体的にかなえたい目標を枝として追加する。
- その目標＝枝を成長させるために必要な栄養を取り入れる根に具体的な自分の取り組みを記入する。
- その目標の阻害要因としての「不安」をきちんと意識する。

「自分の木」を利用して、生徒は「自分のニーズに適した英語学習」を考えます。本来、生徒自身の進路と外国語の学習は密接な関係があるはずですが、これまでこの点に関しては、「進路指導」と「学科の学習」とそれぞれ別なものとして、取り組まれてきました。特に「自分の木」は自分

の将来やそれに向けた取り組みを考えるもので、将来つきたい職業や、自分の人間的な成長と英語学習を関連させて、自分のニーズに適した英語学習を1本の木のイメージで考えます。

　幹や枝には自分の「進路、人間的成長、英語学習に関する希望」を記入し、根にはそれらの「希望を実現するための努力」を記入します。「努力」は「希望を実現するための栄養」と考えます。また、これらの根を妨げる要素として、石ころのイメージで具体的な「不安」も記入します。取り組み例としては、年度の当初に最初の記入を行い、学期の終わりなど定期的に、「英語学習の目標と自己評価」の確認をする際に、英語学習の成果の確認と同時に見直す作業を行います。

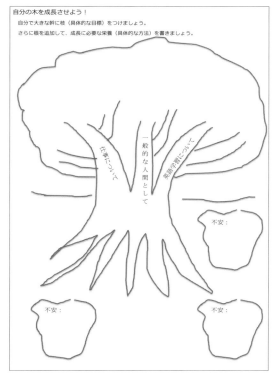

図 1.2　「自分の木」のページ（記入前）

2.3 Can-do リスト形式による自己評価の項目

「自分の英語学習を具体的に振り返る項目」として、使用する教科書の各単元の学習目標を lesson goal として設定し、さらに、その学習を継続し、年間で自分の英語力の伸びを自己評価するための項目を Can-do リスト形式で設定しました。

2.3.1 自己評価の基準

「理論編」で解説したように、これまで開発された ELP などの言語学習ポートフォリオは、一般的に特定の教材に基づいていません。CEFRの個人ツールである ELP の Can-do リスト形式の自己評価の項目は、社会的な場面での言語の機能に準拠し、特定の教材に連動していないからです。

しかし日本には、CEFR のような、目標とする言語を使用する規範となる社会における行動の基準がありません。そのため、学校における中心的な教材であり、学習指導要領に基づいて作成された検定教科書に準拠することが、現状で取り得る最も適切な方法であると考えました。つまり、今回開発した MLM は、特定の検定教科書に準拠した形式で作成されています。

今回は、英語学習ポートフォリオの実験的な実践例として、コミュニケーション英語の検定教科書 (*All Aboard!: Communication English I*, 東京書籍、以下 *All Aboard!*) をベースに開発しました。

自己評価の項目は、短期的な目標として、学習者が教科書の単元ごとに目標とされた言語の働きをどれだけ習得したかを評価し、その学習の取り組みの経過で気づいたことについて記録できるように設定されています。そして、短期目標として各単元の学習に取り組むことで、最終的には、長期目標である年間の目標として、実際の英語力の伸長につながることに気づかせることをめざしています。

活用例としては、各単元の学習に取り組む際に、その単元の学習目標と学習活動を確認し、単元の学習終了後に自己評価と振り返りを行います。また、長期目標である英語力の自己評価は各定期考査終了後に行います。

2.3.2 教員の評価

　今回の開発では、まず、生徒の習熟度と教材の難易度を分析し、めざすべき英語能力を英検や CEFR などのリストと比較検討しながら設定しました。さらに、Can-do リストの記述文を学校で使用する教科書の題材と関連させました。それをもとに、ポートフォリオを使用する予定の該当校の教師と相談しながら、年間の指導計画を立案しました。指導計画の立案の際に、評価方法の検討も行いました。該当校では、それまで言語の働きを評価するパフォーマンス・テストはほとんど取り組まれてきませんでした。しかし、実際に英語を使いこなす Can-do 記述文を設定した場合、技能の到達度を評価するパフォーマンス・テストが必要となります。そこで、従来型の言語に関する知識を問うテストだけでなく、ポートフォリオの記述文に沿って、英語の技能の定着を評価するパフォーマンス・テストも導入することにしました。

▶3. 教科書をもとにポートフォリオを作成する

　検定教科書をベースにしたポートフォリオの作成の試みとして、今回は高校の英語の中心的なカリキュラムとなるコミュニケーション英語の検定教科書をもとに作成しました。以下にその作成の手順と方法を解説します。

3.1 ポートフォリオにつながる教材選定の観点

　各学校で使用している教科書をもとに作成する際の留意点として、「教材の選定」が重要となります。特に授業に直接関係する Can-do 形式の自己評価、記述式の学習の記録などの項目は、実際に授業を行う際、主要な教材となる教科書に関連した内容となるので、その選定が重要です。その観点は、以下のようになります。

- 指導する学習者の英語力に適している。
- 指導方法に適した教材としての教科書の内容を確認する。確認する項目は、主に題材（プロジェクト型学習の課題設定に適しているもの）、語数、言語材料、言語活動の4点。

コミュニケーション英語Ⅰの教科書は、「積極的に言語活動を行い、コミュニケーションを図ろうとすることができる」などの学習指導要領の「学習の到達目標」を念頭に編集されていますが、各学校でCan-doリストの記述文を作成する場合には、それらの目標を具体的に示す必要があります。

3.2 達成する言語能力の観点

達成目標をCan-doの形式で作成する際の言語能力の観点を考えます。文部科学省作成の手引きでは、Can-doリスト形式の目標設定に適しているのは、観点別学習状況の4つの評価の観点のうち、「外国語表現の能力」と「外国語理解の能力」の2つとしていますが、本書では、さらに2つの観点を追加しています。それは、4技能の統合を意識するために必要な「インタラクション」の観点、さらに、「異文化理解能力」です。特に、異文化理解能力は、本書の「理論編」でも解説している通り、重要な観点でありながら、これまであまり取り上げられてこなかった項目です。

- リーディング：内容理解の正確さ、リーディングの語数と速度、題材への対応力（分野に関係する単語力、背景理解）、文章の音読の正確さなどが考えられます。
- リスニング：教科書のリスニング内容の理解、機能や場面に応じた応用的な内容の理解、1回の聞き取りの語数や、その速度などが考えられます。
- スピーキング：音声面の基本的な項目であるリズムやイントネーションの正確さ、発話の場面での機能や表現の理解と習熟度、伝達内容の正確さなどが到達目標作成の観点と考えられます。
- ライティング：分量、受容者の理解、説得力など伝達に関わる能力を重視し、さらに場面や機能、単語のつづりや文法の正確さなどが考えられます。
- インタラクション：統合的な技能でコミュニケーション能力の養成をめざします。さまざまな言語活動に生徒が積極的に参加したかど

うか、機能を適切に使ってインタラクションを行ったかどうかが到達目標作成の観点と考えられます。
・異文化理解能力：外国文化への受容度、外国文化理解への意欲、外国の人とのコミュニケーション意欲などが到達目標作成の観点と考えられます。

3.3 教科書で到達目標を考える手順

1年間で身につけるべき技能の到達目標を考える手順として、まず使用する教科書の内容分析を行います。分析の観点は、題材、語数、言語材料、言語活動の4点です。さらに、この4つの観点から各単元の達成できる技能を機能別に考えます。この単元別の目標は lesson goal として、短期的な目標となります。最終的に、各単元の達成目標を4技能、およびインタラクション、異文化理解能力の6項目に整理分類し、Can-do リスト形式の年間目標として設定します。

3.3.1 教科書分析

具体的に、*All Aboard!: Communication English I* の題材と語数から分析してみましょう。以下が各単元の語数と題材です。

表 1.2 *All Aboard!: Communication English I* の語数と題材

単元（語数）	題材（分野）
1（85）	住居の紹介（異文化理解：生活環境）
2（96）	人物の紹介（人物：キャリア、スポーツ）
3（119）	海外のアニメファンの会話（日常生活：趣味）
4（138）	海外の観光地に関する手紙（地理：観光）
5（155）	畜産を学ぶ高校生活の紹介（キャリア：進路）
6（156）	浮世絵師に関するスピーチ（伝統文化：浮世絵）
7（156）	ペンギンの生息環境（自然：野生動物の環境）
8（167）	人物の紹介（人物：キャリア、科学）
9（200）	戦後の沖縄とハワイからの支援活動の紹介（歴史：平和）
10（213）	人物の紹介（人物：キャリア、社会、教育）

Warm-up と Pre-lesson、および本課の 1〜5 課までは、日常生活などの比較的取り組みやすい題材で身近な表現を学び、6 課以降の後半でやや専門的な話題へと発展する構成となっています。また、語数は 1 課の 85 語から最後の 10 課の 213 語へと増えています。例えば、題材と語数から「読む」到達目標を考えると、「200 語程度の日本や外国の生活、歴史や文化に関する簡単な説明文を理解することができる」という項目が設定できます。

3.3.2 記述文の設定

分析した内容を分野別に分け、言語活動と連動させます。例えば、日常生活や身近な日本文化に関連した題材が前半にあれば、そこで日常の言語表現や身近な日本文化の紹介などの言語活動を行うことができるため、それらの言語表現を達成目標として設定できると考えられます。この分野の題材から、以下のような達成目標が考えられます。

- 自分の出身地、好きなものや活動を提示して、自己紹介ができる。
- 将来つきたい職業や、やってみたいことについて理由を挙げて説明することができる。
- 自分の関心のある事柄に関して、簡単なスピーチができる。
- 他の人の意見に対して、感想を述べることができる。

以降の課でも、表 1.2 にあるように、それぞれの題材に関連して、「自分の好きな絵や写真についてスピーチ」する活動などを行うことができます。これらの言語活動を通じて習得すべき言語の技能が設定できます。また、言語材料としての文法事項は必ずしも言語活動とは連動していませんが、文法事項の中には言語活動に関連させて、目標設定できるものもあります。例えば、比較級の学習の際には「物事を比較して述べることができる」といった目標設定も可能です。

単元の主題に外国文化を主要なテーマとして直接扱っているのは、「住居の紹介（異文化理解：生活環境）」と「海外の観光地に関する手紙（地

理：観光）」の2課です。さらに、異文化理解の内容という観点から見直すと、「海外のアニメファンの会話（日常生活：趣味）」、「人物の紹介（人物：キャリア、科学）」、「戦後の沖縄とハワイからの支援活動の紹介（歴史：平和）」、「人物の紹介（人物：キャリア、社会、教育）」というように10課中、半分以上の6課に及んでいます。これらの単元での学習から、異文化理解の態度として、「外国の生活や文化を理解し、多様な価値観を受け入れようと心掛けることができる」という目標も考えられます。

インタラクションの項目は、すべての言語活動に取り組む積極性が到達目標となります。例えば「ペアやグループでのコミュニケーション活動に自分から進んで参加できる」といった記述になります。

また、「理論編」で触れた「プロジェクト型学習」につなげる観点も重要となります。例えば、*All Aboard!* の単元の Lesson 7 に、「ペンギンの生息環境」に関する題材がありますが、この題材から、「絶滅の危機にある動物や自然を救うためにできることを提案できる」という記述文が作成できます。さらに、この記述文に関して、学習者が自分の到達度を自己評価するためには、「絶滅の危機にある動物や自然を救うためにできることを提案」する機会を提供しなければなりません。この発表形式の学習活動を、プロジェクト型学習として設定することができます。「実践編」第4章で、「協調学習」の例として、教科書の題材を発展的に考えて、グループで「絶滅の危機にある動物」の実態を図書館の文献やインターネットで調査し、発表する活動を行っています。

3.3.3 年間の項目別リスト

教科書の題材を分析した後、4技能にインタラクションと異文化理解能力の2つを加えて、全部で6つに整理分類し、年間目標として設定します。例えば、リーディングの技能では、「学校での掲示物や店での商品説明などの必要な情報を読み取ることができる」や、リスニングの技能では、「趣味、音楽やスポーツなど好きな活動、興味のある話を理解できる」などとなります。

さらに、教科書の題材から考えた Can-do 形式の記述文を、CEFR と、

これまで開発された汎用性のある Can-do リスト（今回は英検のリスト）の「話す」記述文と比較して、指導する生徒の興味・関心、および習熟度を判断し、記述の妥当性を検討します。

表 1.3　MLM の記述文と他の Can-do リストの記述文の比較

MLM Ⅰ	CEFR A2（ジュニア版）	英検準 2 級
・自分の出身地、好きなものや活動を提示して、自己紹介ができる。 ・将来つきたい職業や、やってみたいことについて理由を挙げて説明することができる。 ・自分の好きな絵や写真について簡単なスピーチを行うことができる。	事前に準備をした、短いスピーチができる。例えば、写真や人物、自分の学校、家などを説明したり、なじみのある話題についての簡単な会話となる。	・興味・関心のあることについて、自分の考えを述べることができる。（好きなスポーツ、趣味に関することなど） ・自分の将来の夢や希望について、話すことができる。（訪れたい国、やりたい仕事など）

　MLM Ⅰのもとになっている *All Aboard!* は、コミュニケーション英語Ⅰの教科書の中では、基礎力の向上をめざしたものなので、対象となる学習者も英検レベルでは 3 級から準 2 級ぐらいの習熟度となると予想しました。表の記述を比較しても、他の Can-do リストとほぼ同レベルの話す力になると考えられます。

　このように、教科書の内容を分析し、生徒の実態に合わせて Can-do リストの項目の設定を行いますが、さらに生徒のニーズや学校の特色などを考慮することも必要です。また、年間のリストをまとめる際の留意点として、生徒の習熟度から、その学習意欲に配慮する必要があります。つまり、生徒が「できるようになったこと」を確認して、それが意欲の向上につながる目標となるように配慮すべきでしょう。年度の最初に、生徒が「これではとても達成できない」とくじけてしまわないように、「いっしょにこの目標をめざしていこう」と励ます形でリストを示すことが必要となります。

　また、MLM には、Can-do 形式の記述文だけでなく、「英語表現、題材、

学習などについて気づいたこと」を書き込むコメント欄があります。ここでは、この単元で取り組んだ学習活動を通じて、各自が気づいたことを記入していきます。例えば、記述例を紹介すると、「友だちに自分の街の様子を紹介する活動は、今までやったことがなく、英語で書くと友だちが外国人になったような気がして、面白かった」など、クラス内での活動が実際の英語のコミュニケーションとして感じられている様子が分かります。

3.4 記入方法の例

以下に、各単元の学習目標のlesson goalと、年間を通して目標とするCan-do形式の英語力の目標の例を示します。

3.4.1 各単元の記録

教科書の各単元の学習の前に目標を確認し、学習が終わったら、自己評価表を使って自分が達成できたことを評価します。

以下は記入例です。「自己評価」欄は自分で判断して達成度を塗りつぶします。「追加」欄は自分ができたと思うことを追加します。自己評価の判断基準は、以下の3段階になります。

「ふつうにできる」「なんとかできる」「今は難しいので努力したい」

例えば、以下の例（表1.4）の項目について、上記の3段階で自己評価します。

表1.4 「江戸の浮世絵師を紹介するスピーチ」を題材とした単元の例

達成目標（内容理解、言語材料、言語活動）
教科書で学んだ浮世絵師や日本文化に関する単語や表現を理解し、活用することができる。
教科書の浮世絵師や日本文化に関する内容を正確に読み取り、読んで相手に伝えることができる。
受動態を使って、状況を客観的に伝えることができる。
写真や絵を描写することができる。
自分の好きな絵や写真について簡単なスピーチを行うことができる。
海外の人々に日本の伝統文化を伝えようと心がけている。

3.4.2 長期的な英語力の目標に対する評価

　この項目では、1年間の英語学習の目標として、自分の英語力の達成度を確認します。まず、学習の始めに自分の現在の力がどのくらいあるかを把握して、さらに各学期の終了時にどれくらい達成できたかを自己評価します。

表 1.5　長期の英語力の目標

技能
リスニング
授業中の教師の指示を聞いて理解できる。
授業中の教師あるいはクラスメイトの趣味、音楽やスポーツなどの話題を理解できる。
授業で学習した題材に関して、基本的な英語で話された内容を聞いて理解できる。
スピーキング
状況に応じて、あいさつやお礼などを述べることができる。
将来つきたい職業や、やってみたいことについて理由を挙げて説明することができる。
自分の関心のある事柄に関して、簡単なスピーチができる。
他の人の意見に対して、感想を述べることができる。
自分の出身地、好きなものや活動を提示して、自己紹介ができる。
リーディング
基本的な英語で書かれた日常生活の題材に関する会話や手紙などの文章を読んで理解できる。（自己紹介、学校紹介、好きな食べ物、趣味など）
基本的な英語で書かれた日本や外国の様々なテーマに関する説明文を理解することができる。（外国語学習、文化、環境、歴史、科学など）
ライティング
Eメール、手紙で自分の近況を簡単な文章で報告することができる。
自分の将来の夢などについて簡単な文章で書くことができる。
自分の好きな活動や趣味について、簡単な文章で紹介することができる。
教科書で学習した題材について調べて、簡単な文章でまとめることができる。
インタラクション
ペアやグループでのコミュニケーション活動に積極的に参加できる。
スピーチやプレゼンなどの自己表現活動に積極的に参加できる。
プレゼンの発表準備として、ペアやグループで協力して調べ、まとめることができる。
異文化理解
外国の生活や文化を理解し、多様な価値観を受け入れようと心掛けている。
自分の文化を理解し、外国の人々に分かりやすく説明しようと心掛けている。

▶ 4. 基本的な使用方法

ポートフォリオを使った学習活動は、基本的にコミュニケーション活動を重視したものになるので、指導方法と評価の準備をする必要があります。また、同僚とその方針についてよく話し合って、共通理解を深める必要があります。以下の説明を参考に、それぞれの学校の実態に合わせて、準備をしてください。

4.1 事前準備

導入する年度が始まる前に準備しておくポイントは、以下のようになります。

- ポートフォリオで設定した年間の Can-do 形式の英語力の到達目標の検討
- 年間の到達度と各単元の lesson goal の関連性の検討
- lesson goal に沿った指導方法の検討
- 各単元、および定期考査における評価方法の検討

可能なら、学習ポートフォリオは学校全体で導入することが理想的です。これらのポイントを英語科全体で検討することが必要でしょう。

4.2 単元の指導方法の例

以下に、単元の指導方法の例を挙げます。

|単元|: Lesson 7 Living on Ice (*All Aboard! I*)
|題材の概要|: 南極に生息するコウテイペンギンの困難な状況を環境問題の観点から考える内容で、題材分野は自然科学となる。人間による環境破壊が、コウテイペンギンの生息する環境に及ぼす影響を理解することで、絶滅の危機にある動物や自然を保護するためにできることを考えることを目的としている。

開発編

達成目標 (内容理解、言語材料、言語活動):
- コウテイペンギンの状況とその環境の問題に関する内容を正確に読み取ることができる。
- 自分のこれまでの経験を述べることができる。
- 環境問題について自分の意見を述べることができる。
- 絶滅の危機にある動物や自然を救うためにできることを提案できる。
- クラスメイトの提案に対して賛成、反対を述べることができる。

学習活動:
単元のプロジェクト:コウテイペンギンを絶滅から救うためにできることを提案する。
- 「絶滅の危機にある動物や自然」というテーマに関して、ビデオや新聞などの資料を使って背景知識を増やし、関心を持たせる。
- ポートフォリオの単元のページで、lesson goal と活動を確認する。
- 現代の環境問題を列挙したハンドアウトを使い、その深刻度に沿って並べ替える。
- 上記の理由を書き出させる。
- 環境に配慮し、これまで自分が行ってきた生活習慣のうち、変えるべきものを書き出す(言語材料の現在完了形を使う)。
- コウテイペンギンを絶滅から救うためにできることを提案する。
- クラスメイトの提案に対して、賛成あるいは反対の意見を述べさせる。

留意点:
- ペアで地球温暖化を止めるために何をしたらよいか話し合わせる。
- How about 〜 ? を使って、ペアで提案する。
- クラス全体でそれぞれの提案を共有できるよう板書していく。
提案されたことについて、学校で取り組めることと、それ以外に分け、意識を持たせる。

「実践編」に、この単元の発展的な取り組みの例が掲載されています。比較・検討して、各校に適した指導方法を検討してください。

第2章 英語学習ポートフォリオの試行的な取り組み

▶1. 高校での実践

　英語学習ポートフォリオの実験的な例として MLM を開発しましたが、その効果を検証するために、実際の高校の現場でポートフォリオを活用した取り組みを行いました。具体的には、都内の私立高校の先生方と協同して、同校の1年生を対象に取り組みました。本章では、その概要を解説します。結果として、学習者と指導者に関して2つの成果が確認されました。

　学習者に関する成果としては、英語学習に対する意識が深まり、学習意欲の向上が見られました。また、教師にも意識の変化が見られ、自分の指導に対して新たな気づきがありました。「実践編」では、ポートフォリオを活用したさらに発展的な複数の実践例が解説されています。

　実践の準備は、新年度の始まる前、約5ヵ月間の期間を取りました。ポートフォリオの内容の確認と、それに沿った指導計画（評価を含む）の作成を行いました。その内容は、以下の通りです。

1.1 学習目標としての Can-do リストの確認と指導計画

　MLM は、コミュニケーション英語の教科書 *All Aboard! Communication English I*（東京書籍）に準拠して作られています。実践校ではすでに同教科書を採用していたので、教材に関して共通の理解があり、すぐに lesson goal と、年間の英語力の Can-do リストなどの検討に取り組むことができました。

　教科書を前提とした Can-do リストを作成しても、「教科書をどのように使って、前述した到達の観点を伸ばすのか」という指導法を検討しないと、リストは単なる「絵に描いた餅」となってしまいます。仮に、Can-do リストを作成しても、授業が教師の一方的な解説や訳読中心では、生

徒は前述した技能を伸ばすことはできません。もちろん、どのような言語活動にも語彙や文法の理解と定着をめざした指導は必要ですが、基本的には、言語の機能を意識した生徒自身が取り組む活動が中心となります。教材の内容理解においても、教師やクラスメイトとのQ&Aなどのインタラクション、要約、音読などを活用するなど、目標とする言語の機能を実際に体験できるような視点が必要となります。つまり、Can-doリストを作成する最大の目的は、各項目の目標を達成する手順を英語の教師集団、さらには学校全体で具現化することにあります。

　題材に関連したコミュニケーション活動の学習目標を実現する方法として、開発実践校では、以下のような教科書の単元（Lesson 6）を用いた授業を行いました（木内（蒲田女子高等学校：当時）の指導報告をもとにしたもの）。

　Lesson6 の "Funny Picture from the Edo Period" では、江戸の浮世絵師に関するスピーチが題材となっています。ポートフォリオの lesson goal には、コミュニケーション活動の目標として、次のような記述があります。

- 写真や絵を描写することができる。
- 自分の好きな絵や写真についてスピーチを行うことができる。

この目標を達成するために、次のような取り組みを行っています。

- ハンドアウトを使って、教師が用意した絵や写真の特徴から、思いつく英語表現を引き出す。
- グループで好きな絵を話し合わせる。
- グループで絵を選んで、その紹介を行う。

この取り組みの留意点として、以下の要点が考えられます。

- グループごとにスクリーンに投影するか、絵のコピーを持って紹介

する。
- Lesson 6 で学習した受動態の文章を必ず入れるようにして、使えるようにする。
- 発表以外のグループには「発表を聞き、その発表にもう1文加える」などの課題を与える。課題は、「教科書の表現5～7文を使い、その絵を紹介する」となる。

1.2 学習目標に沿った評価方法の確認

　授業で題材に関連したコミュニケーション活動を行った場合、その学習の成果を評価する必要があります。つまり、語彙や文法事項の知識を問うテストだけでなく、学習活動の結果、どのような言語の働きを身につけることができたのかを問うパフォーマンス・テストを実施する必要があります。例えば、実践校の例を以下に示します。

表 2.1　木内指導資料に基づいた実践例

学期	テスト内容
1学期	疑問詞を使った疑問文とその答え方の定着を確認するもの。疑問文の書いてあるカードを5枚用意し、裏返して机上に並べる。1枚をめくり、1分間会話を続ける。
2学期	環境問題について自分の意見を述べることができるか確認するもの。地球温暖化を止めるために自分は何ができるかを質問に答える方法で述べる。
3学期	身近な話題に関して、相手の意見などを聞いたうえで、自分の意見を述べることができるか確認。ALTに事前に録画してもらったビデオを見ながら、会話形式で制服についての自分の意見を述べる。

　1学期のパフォーマンス・テストでは、授業で学習した疑問文やその答え方が定着しているかを確認することをめざしています。まず、疑問文の書いてあるカードを5枚机上に裏返して置いておき、ペアの1人がその中の1枚をめくり、書いてある疑問文から1分間会話を続けるという方法で実施しました。その際、会話が続かなくなったら残りのカードを何枚でもめくることができるというルールです。

開発編

　テスト会場で生徒のパフォーマンスを録画したものを担当者全員で評価しています。また、生徒たちがパフォーマンス・テストの評価基準を理解できるようにするため、テスト実施前に上級生が会話している映像を各クラスに見せ、自分たちで評価をさせています。教師はコメントせず、生徒間で意見を出し合い、テストの時に使用する評価シートに記入させました。

　上記のパフォーマンス・テストで重要なことは、生徒たちがパフォーマンス・テストの評価基準を理解できるようにするため、上級生が会話している映像を各クラスに見せ、評価をさせている点にあります。つまり、身につけるべき英語力の達成基準が、教師だけでなく生徒自身にも理解できる点が重要となります。これは生徒自身の自己評価能力を向上させる意味でも、重要なポイントとなります。

1.3　開発したポートフォリオの枠組みに沿った取り組み

　今回開発したポートフォリオは、以下のような枠組みで作成しました。

- 取り組むための準備活動として、学習者が自分と英語学習の関係を考える項目
- 英語学習を進めながら、自分の学習活動を具体的に振り返り、検討する項目

　最初の「学習者が自分と英語学習の関係を考える項目」に関しては、「自分の木」《➡「開発編」第1章 2.1, 2.2 参照》で、「パティシエになるために留学したい」といった、将来実現したい目標を木の枝の中に記入します。さらに、それを実現するための日々の努力を「料理に関する英語表現を学ぶ」といった内容で根の部分に記入するという取り組みを行いました。この取り組みは、後述する生徒のアンケートの意識調査における、「将来、大学や社会に出てから英語学習の機会があれば、受講したい（英語学習への意志）」という項目に関連性が考えられます。

　また、プロジェクト型学習として、教科書のすべての各単元において

「学んだ表現を使用する」ことを目標に、学習の目標となるコミュニケーション活動を設定しました。以下はその活動例です。

表 2.2　表現活動の例

課	活動例	活動形態
1	自己紹介	ペア
2	中学校・高校の先生に近況報告の手紙	個人
3	自分の持っている「カワイイ」ものを紹介	グループ発表
4	好きな料理を発表	グループ発表
5	ALT の先生にインタビュー	個人＋グループ内で報告
6	好きな絵を発表	グループ発表
7	絶滅しそうな動物について発表	グループ発表
8	手紙（自分の夢を書く）	個人
9	沖縄について発表	グループ発表

　今回、取り組みを行った実践校では、どちらかと言えば英語学習を苦手とする生徒が多く、授業に対して意欲が低い傾向がありました。そのため、自己表現活動を中心とした学習を通じて、自分にとって関連性の高い学習活動にすることによって、英語学習への態度の改善をめざしました。

　各単元の lesson goal、および年間の英語力の伸長に関する評価として最も大切なのは、生徒自身が自分の学習にきちんと向き合えるように支援することにあります。設定した Can-do リストを使って、生徒自身が自分の達成度を確認する場合、具体的に実感できる学習活動を設定することが大切です。例えば、もし「教科書本文をある程度のスピードで、聞き手に分かるように音読することができる」という項目を設定した場合、具体的な活動として、次のような活動が考えられます。

- ペアになって交替で教科書本文を音読させる。
- 音読をしていない生徒は、教科書の内容の要旨を英語でリストアップしたシートを見ながら相手の音読を聞き、自分が聞き取れた項目にチェックマークをつける。

開発編

　このような活動を取り入れることで、相手に分かってもらうように音読できたかどうかを試すことができ、自分勝手に音読すればよいわけではないことが分かります。上記のような活動を通じて、生徒に自分のできていないところを気づかせ、さらに向上するためにどうすればいいかを考えさせることができます。例えば、活動に応じたルーブリック（尺度）評価表を配布して、自己評価させることも効果的です。

　実践校では、達成度の目安として、まず学習の初めに、年間の英語能力のCan-doリストを使って、それぞれの生徒に技能を把握させ、その後、各学期の終了時に成長の度合いを確認させました。3学期制の場合は、年間を通して全体で4回自己評価を行うことになります。各学校の実態に合わせて振り返りを行うことで、生徒は日常の授業における英語学習が、長期的な観点での英語の能力に反映することを学びます。

▶2.　英語学習への意識の変化

　ポートフォリオを活用した英語学習は、日々の授業を将来の言語使用へとつなげることをめざしています。実践校の取り組みでも、授業担当者が観察したポートフォリオ導入後の生徒の変化として、授業で行ってきた活動でのクラスメイトからの評価や、自分で書き込んできた自己評価を参考に自らの課題を見つけて、さらに意欲的に取り組む様子がうかがえるようになったことが指摘されています。

　さらに、実証的な検証として、ポートフォリオの導入にあたり、学習者の英語学習への意識の変化を詳しく調べるために、導入時の4月とほぼ1年後の3月にアンケート調査を行いました。調査項目は、5分野12項目で、5段階の尺度で自己評価を行いました。

- 英語学習への意志について（項目例：将来、大学や社会に出てから英語学習の機会があれば、受講したい）
- 将来の理想的な外国語使用者のイメージについて（項目例：将来、自分が外国の人と英語で話している具体的な状況を思い描くことができる）

- 望ましい外国語学習者としての自分（項目例：友人たちが英語を学ぶことは重要であると考えているので、自分も英語を学ぶ必要があると思う）
- 英語学習への態度（項目例：英語学習が好きである）
- 英語でのインタラクションの態度（項目例：英語で自分の思っていることをなるべく発言しようと思う）

　ほとんどの項目において値が上昇していましたが、特に4月の導入時と比較して、値が高まったのは次の項目です。

- 将来、大学や社会に出てから英語学習の機会があれば、受講したい（英語学習への意志）
- 現在、英語学習に一生懸命取り組んでいる（英語学習への意志）
- 英語学習が好きである（英語学習への態度）
- 英語を学ぶのは楽しい（英語学習への態度）
- 英語で自分の思っていることをなるべく発言しようと思う（英語でのインタラクションの態度）
- つたなくても英語で自分の考えを伝えようと思う（英語でのインタラクションの態度）

　全体的に見て、4月の入学段階では、どちらかと言うと英語学習に対して否定的な態度であった数値が向上していることから、英語学習への態度が改善していると考えられます。また、「英語で自分の思っていることをなるべく発言しようと思う」や、「つたなくても英語で自分の考えを伝えようと思う」などの値が上がっていることから、英語でのコミュニケーションの態度にも改善が見られます。コミュニケーションの項目は、ポートフォリオの導入に伴って取り組んだ発信的な学習活動との関連性が見られる項目です。

開発編

▶3. 教師の変化

　また、指導者側の成果として、lesson goal や Can-do リストの目標設定に沿った言語活動中心の授業を実施するために、これまで取り組んできた授業の検証と改善、さらにそれに沿った評価方法の開発に取り組むなどの変化が見られました。特に印象的だったのは、今回いっしょに取り組んだ先生方の意識や指導方法の変化です。以下は、1年間の実践の後、それぞれの担当者にインタビューした際のコメントです（下線は筆者による）。

　［教歴9年目の教師］

　　指導の優先順位が変わりました。昨年は文構造の理解が最も大切だと思っていたけれど、今年は使うことを前提とした指導がそれよりも大切だと思うようになりました。もちろん、文構造の理解も大切ですが、複雑な構造のものは、もっと詳しいことを表現したいと思った時に必要な学習をすればいいと思います。今は、<u>学んだことで何ができるかのほうが大切</u>です。

　［教歴18年目の教師］

　　（今回のプロジェクトで変わったことあるかという問いかけに対して）だんだん生徒自身が目標を見つけられるようなりました。（取り組みの前は）意識的ではなかったのが、<u>「こういうふうにすると目標を自分で立てられるんだ」ということを生徒に教えられた感じ</u>です。ポートフォリオをやるうちに、生徒たちが自主的に課題を見つけ、次の目標を立て、そのためにはこれをやったらいいのではないかというのを自分たちが考えるようになりました。<u>ポートフォリオが真ん中にあって、生徒と教師が共有している</u>という感じでした。私たちが「こうしてほしいな」と、生徒たちの「こうなりたいな」というのが一致するためのツールになっていたので、意識的にアドバイスをしなくても、自分たちでそれを見つけ出したと思います。

　上記のコメントから、前者は「文構造の理解」から、「学んだことを活

用する」というように、指導の優先順位が変化したことが分かります。また、後者は、生徒が自分で進んで学習に取り組む様子を見て、それまで抱いていた自律的な指導について考えを改めたという発言をしています。このことは学習者の自律的な成長が、教師自身の自律的な成長につながったことを示して興味深い結果となっています。「ポートフォリオが真ん中にあって、生徒と教師が共有しているという感じでした。私たちが「こうしてほしいな」と、生徒たちの「こうなりたいな」というのが一致するためのツールになっていた」というコメントは、ポートフォリオを通じて、学習目標が可視化され、生徒と教師、および教師同士が連携し、それぞれが成長できる可能性を示しています。

　実践校の教師の1年間にわたる取り組みへの振り返りから、ポートフォリオが授業における指導方法への意識を深めるきっかけとなったと考えることができます。ポートフォリオにより可視化した学習目標を学習者に提示することで、目標の実現に向けた指導の努力をせざるを得ない状況が生まれ、教師自身が、学習の実現に向けた指導の努力をせざるを得ない状況が生まれ、その努力の成果を学習者の自己評価として確認していたわけです。その後、自分の授業力を自己評価することで、自分の成長を確認するという望ましいサイクルの形成につながったと思われます。

　また、ポートフォリオを使った1年間の取り組みの終了時の振り返りにおいて、生徒たちの肯定的なコメントが多かった理由の1つとして、上記の「学習目標の実現に向けた指導の努力」の過程で、教員同士が緊密に連携し、設定した指導目標をめざして互いにアイディアを出し合い、創造的な姿勢で取り組むことができことが大きな要因となっているように思われます。

図2.1　生徒との連携

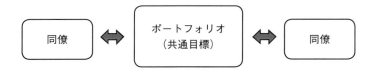

図 2.2　教師同士の連携

　上記の図で示したように、英語学習ポートフォリオの効果の1つとして、共通の目標としてのポートフォリオが仲介となって、学習者と教師の連携、および教師同士の連携を促進することも確認できました。

実践編

多様な学習環境での取り組み

第１章　教室を飛び出してモチベーションアップ

第２章　コミュニケーション活動で英語学習への姿勢改善を

第３章　生徒のゆるやかな学びの見える化

第４章　授業を大胆に再構成

第５章　教師の自己成長のためのツール

実践編

▶ **各学校の実践例の紹介**

「実践編」では、英語学習ポートフォリオを活用した各校の取り組みを紹介しています。各学校でさまざまな実践を行っていますが、共通しているのは、生徒たちが自分の学習のプロセスを意識することを前提としていることです。その理由は、生徒たちがポートフォリオで学習の取り組みを振り返るための十分な材料を得るためです。この観点から、各学校の取り組みは、学習のプロセスをより明確化することをめざしたプロジェクト型学習《➡「理論編」第5章参照》が基本となっています。

第1章　教室を飛び出してモチベーションアップ

　中学校の教科横断的な実践です。「職業調べ」をプロジェクトのテーマとして、自分の好きなことや興味のあることなどの「自分の傾向」について考えさせてから、職業調べのインタビュー活動を行っています。活動についてまとめる際に、自分の将来と英語学習について考える機会を持ちました。

第2章　コミュニケーション活動で英語学習への姿勢改善を

　実践校は中学段階で英語学習につまずいて、基礎的な英語力が十分でなく、学習に自信のない生徒が多いという実態がありました。そのため、英語でのコミュニケーション活動をポートフォリオの基本的な学習活動として、「学習に取り組む生徒の姿勢の改善」と「意欲の低い生徒に対応する授業への改善」をめざしました。

第3章　生徒のゆるやかな学びの見える化

　実践校は外国籍の生徒も多く、多様な学習経歴を持っている生徒が多いという状況があります。学校の全体的な課題として、「学習への苦手意識や目的意識の希薄さ」が挙げられます。ポートフォリオの導入のねらいとして、「生徒に英語学習の目的意識を持たせ、学習意欲を向上させる」ことと、「個々の教員の授業力を向上し、教科全体としての同僚性を促進する」ことを目標としました。

第 4 章　授業を大胆に再構成

　実践校は進路多様校で、生徒の英語力と英語学習への意欲も生徒によって大きく差が見られます。ポートフォリオの導入のねらいとして、授業の全体構成の改善と多様な生徒に対応できる授業内容の多面化を目標としました。

第 5 章　教師の自己成長のためのツール

　総合学科の進路多様校で、2014 年に文部科学省のスーパーグローバルハイスクール（SGH）に指定され、2016 年現在、国際バカロレア（IB）の候補校となりました。しかし、生徒によって英語力とその意欲には大きく差があります。そのため、ポートフォリオの導入のねらいとして、生徒主体の授業に転換して、多様な生徒が英語学習の動機を持てるようになることを期待しました。

▶　ポートフォリオの名称と教材について

　「実践編」では、英語学習ポートフォリオの名称を、My Learning Mate（以下 MLM）としています。第 2、3、4 章では、「開発編」で紹介した教科書 *All Aboard!* をもとにしたポートフォリオとなっていて、第 1 章は中学校の検定教科書、第 5 章は高等学校の別の検定教科書をもとにしたポートフォリオです。そのため、開発したポートフォリオをもとにして、どのように担当者が自分の学校に適した内容に調整したのか、「作成編」で解説しています。

▶　教師の振り返り

　それぞれの実践報告の最後に、各担当者が自分の授業を振り返っています。本書で提案した英語学習ポートフォリオは、どのような学校でもそれぞれの状況に合った使い方ができることをめざしています。実践の紹介でも、各執筆者はそれぞれ状況に合った活用方法をめざして、さまざまな工夫を行っています。いずれにおいても、それぞれの担当者にとって、新たに創造的な取り組みを必要とするので、チャレンジングなものとなりまし

た。その過程において、さまざまな発見があったことも報告されています。

　自由な振り返りのコメントに加えて、教師の授業力の振り返りツールである J-POSTL《➡理論編 p. 52》の記述を活用して、共通の視点で各自の授業を振り返っています。読者は、その共通の視点から、それぞれの気づきを比較して、各担当者たちの努力の軌跡をたどることができます。

　今回利用する J-POSTL の項目は、「自立学習：学習者の自律」です。英語学習ポートフォリオの中心的な目的の1つは、学習者が自律的に自分の英語学習を継続できることにあるので、その観点から、自分の授業力がどのように変化したのかを自己評価しています。しかし、重要なのは、「自己評価の数値の変化」を示すことではありません。英語学習ポートフォリオを活用して、それぞれの先生方がどのように学習者と向き合い、授業を創造的に組み立てていったのか、そのプロセスに注目していただきたいと思います。

　第1章から第4章までは、J-POSTL の各記述をもとに、各担当者が自分の実践を振り返っています。その際、特に数値化した自己評価は行っていません。それに対して、第5章のみ、取り組む前と後の自分の授業力を数値化して評価しています。振り返り方については、特に統一した形式は設定せず、それぞれに適した方法で行っています。また、第5章ではポートフォリオ学習の記述についても、振り返る項目としています。振り返るきっかけとして項目の内容を利用する場合には、第1章から第4章までの形式を参照してください。また、数値化した段階を使ったほうがより具体的に自己評価ができると考える場合は、第5章の形式を選ぶことができます。いずれにしても、これらの実践を参考に、読者は自分に適した方法で自分の取り組みを省察してみましょう。

第 1 章

教室を飛び出して
モチベーションアップ
東京学芸大学附属竹早中学校での実践

松津英恵

＃自分の教師経験

- 経験した校種：私立中高一貫校（女子校）、国立大学附属中学校 2 校
- 教職年数：22 年

＃実践校の実態

- 学年：第 2 学年
- クラスの人数：1 クラス 40 人在籍（男子 20 名、女子 20 名）、各学年 4 クラス編成
- 英語学習の時間数：週 4 時間
- 生徒の英語力と英語学習への意欲：生徒の学力には開きがあり、英語についても習熟度に差はあるが、英語への関心は高い生徒が多い。

＃MLM 導入のねらい

- 各学期、1 年間の学習の成果を確認させ、学習への取り組みを促す。
- 将来的に楽しみながら英語に関わっていく生徒を育成する。

＃MLM 実践の結果

- 生徒の英語へのより前向きな姿勢、英語を使うことへの関心が見られた。

＃今後の課題

　MLM 導入前から実施していた月ごとの振り返り活動を MLM と有機的に結びつけ、生徒たちの負担にならない形で実施・継続するために、今後どのように整理していくかについての精査、および見直しを検討し、学習者の自律を支えるための活動を充実させる必要がある。

▶1. 学校の実態

東京学芸大学の附属学校として、教育研究、特に竹早地区では幼小中連携教育研究に学校全体で取り組み、その歴史は 1980 年代にまでさかのぼります。勤務校では、1980 年代よりゆるやかな形で幼小中連携教育研究を開始し、校舎改築に伴い、1999 年に小中一体型の校舎となってから、2000 年代より本格的な連携研究体制が始まり、「主体性を育む」というテーマのもとで研究を続け、現在に至っています。

また教員養成および教員志望の大学生の教育実習の受け入れを年間 4 回行っています。

生徒数は、各学年 4 クラス編成で 160 名（男子 80 名、女子 80 名）、3 学年で約 480 名在籍します。各学年の 160 名の生徒のうち、附属竹早小学校出身者が約 80 名、附属大泉小学校出身者が約 20 名、一般入試を経て入学する生徒が約 60 名です。

▶2. MLM 導入のねらい

2016 年度より中学生を対象とした形での MLM の取り組みを試みました。その目的は以下の通りです。

- 生徒たちが学習の成果に気づき、前向きにかつ主体的に取り組むことを促す。
- 生徒たちが自分の今後の進路において英語を学ぶこと、英語と関わることについて考える機会を作る。

形式は従来から高校で実践されていた MLM にならい、中学生の発達段階も考慮し、必要に応じて書式や全体の進め方などを、修正・追加しながら、実施しました。

2.1 背景

MLM 導入（2015 年度）以前の取り組みでは、自身の学習状況の振り返りと現在の課題を確認させる、また学習習慣をつけさせるために、以下

のものを生徒に配布し、取り組ませていました。

・前年度までの英語学習に関するアンケート
・英語学習ダイアリー

　これらの活動を始めた大きなきっかけは、勤務校での学校研究のテーマでもある「主体性を育む」教育活動として、生徒たちに「力を伸ばすために必要な課題を自分で見つけて、学習に取り組ませたい」と考えたことでした。

　「前年度までの英語学習に関するアンケート」では、新年度に授業を始めるにあたって、教科担当者として生徒たちの前年度までの英語学習歴を知るため、またそれ以前の英語学習歴を把握し、生徒自身にも確認させるために、毎年、年度始めに実施しています。初めて担当する学年でも、前年度から持ち上がりで担当する学年でも、生徒たちが前年度までの英語学習、またその成果をどう評価しているかについて把握することができます。主な質問項目は、以下の通りです。

・前年度までの英語学習での自己評価など
・英語学習に関しての目標や具体的に取り組みたいこと
・その他「自己PR」など（部活動や趣味など、英語や授業に直接関係のないこと等も含めて）

　特に最後の項目については、英語の技能というより、学級経営や生徒理解に関わる部分でもありますが、中学では教科指導が生活指導や学級経営ともつながっていることも多いため、学習指導においても必要な情報となります。またこれらの情報は、生徒たちとの話題作りでも活用でき、人間関係を作る上では有効な情報となります。

　一方、「英語学習ダイアリー」では、毎月以下の情報を記入させ、翌月の最初の授業で提出させました。

- 授業の内容（言語材料や、教科書の題材など）
- 毎回の授業での取り組み（授業中の発言や参加度、取り組みなど）
- 毎日の家庭学習の内容（教科書の音読や基礎英語などのラジオ番組の視聴など）

　毎月の学習状況を確認することで家庭学習の習慣を定着させ、また課題を見つけさせるために、上記の内容で取り組ませました。この活動については、生徒の声や感想を聞いてみるとさまざまです。「自分の日頃の取り組みがわかるようになり、どれだけがんばったのかを知ることができるのでよい」という前向きな感想と、「正直大変」という感想と、大きく2つに分かれました。「大変」「面倒」という理由として考えられることは、「英語学習ダイアリー」が毎日記録をつける書式であるため、手間がかかるということが大きいと思われます。また授業内容や家庭学習内容などはその日のうちか翌日、2日後ぐらいには記入しないと、記憶も薄れてくるので、こまめに記録する必要もあります。一方で「日頃の取り組みがわかる」等のコメントは、その理由として、家庭で何もしない生徒は空欄が残っていくため、自分がその月に学習に取り組んだか、手を抜いてしまったかが一目で分かるからと言えます。毎日の学習に習慣的に取り組めた生徒は、1ヵ月が終わった段階で空欄が少なければ「今月はしっかり取り組んだ」という実感を持っているようです。

2.2 MLM導入以前の実践における成果と課題

　前述の2つの活動について、以下のことが言えます。
　「前年度までの英語学習に関するアンケート」については、アンケートに回答することで、生徒たちも前年度までの英語の学習について、また新1年生であれば小学校での外国語活動について、振り返ること、また自分の目標について考えることができます。しかし教員への提出後は、生徒の手元には残らず、回答して半年後や1年後に、生徒たちが年度始めの自分の目標を見直すことがなく、新年度にはまた同じように前年度までの振り返り等をして目標を考えることになります。そのため、1年前に書いた

ものが生かされない状態になってしまっています。このことが課題となっていました。

　一方、毎月提出する「英語学習ダイアリー」については、日々の授業、家庭学習での学習内容や生徒自身の取り組みを記入するため、月末になると、その月にどれだけ学習に取り組んだかが分かり、充実感を持って取り組んでいます。しかし、月ごとで完結してしまうため、上記のアンケートでの年度の目標と結びつける形にはなりませんでした。つまり、これらの活動をどのようにすれば生徒たちが残した足跡をつなげていくことができるか、そしてその先の学習活動に生かしていく形にできるかということが課題でした。

　それまでの生徒たちの足跡をつなげて、学習の継続を支援すること、そしてその先の学習活動、つまり「進路指導」や「キャリア教育」とも合わせて、教科横断的な取り組みにしたいと考えました。そこで多くの中学校で、2年生から「職業調べ」や「職業体験」等の形で、少しずつ進路指導が始まっていくこの時期に、「英語を学ぶこと」、「英語と関わっていくこと」が生徒たちの今後の人生でどんな意味を持つのか、考える機会を持たせたいとも考えました。

　外国語として英語を学ぶ環境で、また中学生の発達段階では、英語を学ぶ目的が、いわゆる「試験」となってしまうことが多いことが現実です。多くの中学生にとって卒業後の進路をめざすために、高校入試を乗り越えなければならず、ほとんどの場合、英語が入試科目に含まれています。しかし、それだからと言って「試験」が英語学習の目的となってしまうことは致し方ないと結論づけるのではなく、他にも英語を学ぶ目的や英語を使って達成しようとする目標があり、それに向かって自ら学び続ける動機を持てるように指導したいものです。

　そのような背景から、これまでの「英語学習ダイアリー」で、学習習慣をつけさせる以外に、MLMの実践にも取り組み、それまでの成果や今後の目標を確認しながら前向きに取り組むこと、自分の生き方の中で英語とどう向き合うか考えさせることを目標としました。

▶ 3. MLM の実践

2016年度は中学2年生を対象に実践し、具体的には以下のものを生徒たちに記入させ、日頃の学習状況を振り返り、学習の成果を確認させました。

3.1 教科書の Unit ごとの振り返りシート

Unit ごとに作成し、各 Unit の最初の授業で配布しました（資料 1.1）。記載させる項目は以下の通りです。

・各 Unit での達成目標と自己評価
・学んだ表現（言語材料や新出表現）や題材・内容
・教材や授業を通して感じたことや考えたこと（英文3文）

Unit での到達目標については、教科書の各 Unit の扉のページに書かれている項目や、指導資料などに掲載された「指導目標」などを参考にしていくつか挙げ、その中で「聞く・読む→話す・書く」の順序になるように掲載しました。

振り返りという点で、以前から取り組んでいる「英語学習ダイアリー」とも重なるところはありますが、こちらについては以下のような感想が聞かれました。

「ふり返ることで、自分がやるべきことや課題がよくわかって良い」
「最後の感想などを英文で書くところは、もっとうまく書けるようになりたい」
「感じたことを英文3文以上で書くことはちょっと難しい」

3つ目の感想については、今後生徒への何らかのサポートを必要とします。その Unit で、またはもっと前にでも教科書で扱った表現を使って、短い簡単な表現のセンテンスでもよいので、何らかの形で、3文程度の英語は書けるだけの力をつけさせられるように引き続き指導していきたいと

考えています。

Unit 3　　Career Day

２年（　　　）組（　　　　）番　氏名（　　　　　　　　）

題材：　職業体験
文法事項：　to ＋動詞の原形（副詞的用法、名詞的用法、形容詞的用法）
自己評価の判断基準：　★★★「ふつうにできる」　★★☆「何とかできる」
　★☆☆「今は難しいからこれからがんばる」

達成目標（内容理解、言語材料、言語活動）	自己評価
簡単な注意書きを見て、理解できる。	☆☆☆
職業体験レポートを読んで、その中の情報を理解できる。	☆☆☆
仕事紹介のインタビューを聞いて、その内容を理解することができる。	☆☆☆
ある行動の目的を述べることができる。	☆☆☆
自分が行きたい場所やしたいことなどについて、たずねたり、伝えたりすることができる。	☆☆☆
あるものについて、「…するもの」「…するためのもの」など情報をつけ足して説明できる。	☆☆☆
将来の夢や希望などについて述べることができる。	☆☆☆
相手が話した内容について、あいづちを打つことができる。	☆☆☆

英語表現（文法など）、題材、自分の学習などについて気づいたことを書きましょう。

この単元で考えたこと、感じたことを自由に３文以上の英語で書きましょう。

資料 1.1　Unit ごとの振り返りシート

3.2 英語力の伸び

　英検4級、3級、準2級対応のCan-doリストを参考に、本校の中学2年生を対象にしたCan-doリストを作成しました。2年生スタート時にすでに英語の習熟度に大きな開きがあるため、3段階の級をカバーする形で作成することにしました。筆者の担当する学年では、4月、7月、12月、翌年3月の年4回で記入することとしました。

　4月、7月の回答の時点では、質問項目に挙がっていることがまだできない生徒も多くおり、「中学1年生から2年生の段階では、まだ学校で扱わないことも多いから、評価欄にCがたくさんついてもまったく心配することはないよ」と伝え、生徒を不安にさせないような配慮もしました。「自分がどこまで理解しているのか目で見ることができる」「自分のやるべきことや伸びがわかるのでよい」「思った以上にAがついてびっくりした」という感想がありました。

3.3 プロジェクト学習「英語学習についてのインタビュー」、「自分の木」

　これらの活動は、現在取り組んでいる英語学習と自分の今後の人生において、英語とどう関わっていくのかについて、生徒たちに考えさせる機会と位置づけ、6月から夏休み前に提示し、夏休み中の課題として実施しました。中学2年生の発達段階では、高校、大学へ進学し、就職するという進路を思い描いていることが多いですが、どんな就職の仕方をするかについては、大多数の生徒が職業や職種に対するイメージや憧れのレベルで考えていることがほとんどです。そこで中学2年生の道徳の授業で広く実施されている職業調べや職業体験の機会を利用し、職業や生き方について、中学2年生としての理解を深めた上で、取り組むことにしました。手順は以下の通りです。①②は道徳の授業を使って実施しています。

①自分探しのマインドマップ（自己分析シート）
　職業調べを行う前に、自分の個性や向き不向き、興味・関心について分析させるために、自分の好きなもの、嫌いなもの、得意なこと、苦手なことなどを思いつくだけ書き出させました（資料1.2）。

第1章 教室を飛び出してモチベーションアップ

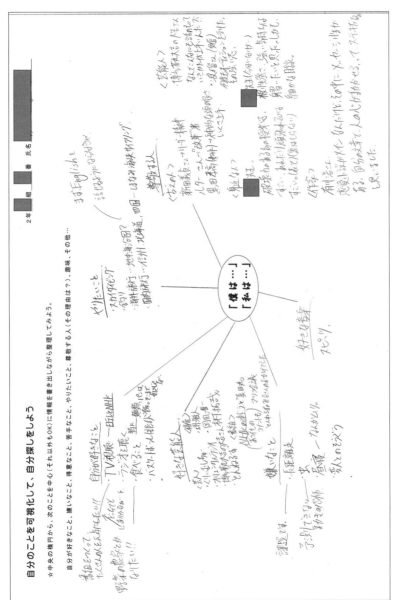

資料1.2 マインドマップ(自己分析シート) 生徒作品

②職業調べ（夏休みの課題）

　勤務校では職業体験の活動を行っていないため、夏休みの課題として、現在社会人として勤務している人を対象に、職業についてのインタビューを行うことを指示しました（資料1.3）。必ずしも自分の興味のある業界、職種の方にインタビューができるわけではありませんが、中学校卒業後の進学、進路を見据え、これからどんな生き方をするのか、職業や働くということはどのようなことかなどについて、中学生として考える機会を持たせるために実施しました。インタビューする項目は資料にある通りで、他に自分で聞きたいことがあれば、くれぐれも失礼のないよう質問の仕方なども十分注意した上で、お伺いするように指導しました。

　生徒たちは自分が興味のある業界の方、保護者や親戚、また保護者の紹介でお会いできた方にインタビューを実施しました。

　以下に掲載するものが、生徒の作品の1つです（資料1.4）。進路の1つとして考えている業界、職種であるか否かは問わず、個々の生徒たちが「話を伺うことができた仕事」について、「職業」について、また「働くということ」について、中学2年生としての理解を深め、今後の生き方や進路を考えるための1つのきっかけになったと言えます。当初は掲示によるポスター発表のみの予定でしたが、11月に口頭発表をクラスごとに実施し、多種多様な職業、職種、また生き方があることを知る機会となりました。

```
69 期  2 年道徳          2 年___組___番  氏名_____
```

職業調べ

☆ 夏休み中に「職業」についてのインタビューをして、「働く」ということ、
  また今後自分が進むべき進路や生き方について考える機会にしましょう。

要領は以下のとおりです。

1. インタビューをする対象の方：　現在働いている大人（年齢、性別は不問）
   直接お会いしてインタビューすること。電話、手紙による取材は認めません。

2. 形式：　インタビューでわかったことを、一枚の用紙にまとめる。

3. 用紙に書く内容：
   ・自分のクラス・番号・名前
   ・インタビューをした相手の方の「職業」「性別」
   ・仕事の内容（どんな仕事をしているのか）
   ・普段の日の1日の流れ（出勤・退勤時間、職場での1日の動きなど）
   ・その仕事に就いた理由、その仕事や職場を選んだ理由
   ・仕事をしていて、よかったと思うこと、うれしいこと、楽しいこと
   ・仕事をしていて、つらいこと、大変なこと、
   ・その仕事に就くために必要な資格や免許など
   ・仕事、また人生での今の目標や夢
   ・中学生へのアドバイス（職業全般、また今回調べた職業について考える
     にあたり、中学生がしておいた方がよいことやしておくべきこと、学ん
     でおいてほしいことなど）
   ・今回のインタビュー調査で感じたこと、印象に残ったこと、考えたこと

   上記の項目以外にも、たずねたいことがあれば、もちろん質問して構いま
せんが、相手の方に失礼のないように、質問のしかたなども注意しましょう。

4. 提出：　2016 年 9 月 1 日（木）　学活時

5. 発表：　ポスター発表形式
   提出された作品をパネルに貼りだして展示します。

資料 1.3　「職業調べ」課題の指示

資料1.4 「職業調べ」生徒作品

客室乗務員の仕事って?!

インタビュー対象の方

☆客室乗務員（女性：子供2人）
約18年、ANAに勤務する
国際線CA。

フライトの流れ ※全て日本時間
〔 〕内は現地

〈例〉日本↔ヒューストン

1日目 6:00 家を出発
↓ 電車で通勤
9:30 成田空港に到着
↓ フライトの準備（出社2時間前）
9:30 出社

この時にはスーツケースの準備
制服への着替え。フライト情報の
確認を済ませてすぐ飛べる
ようにする
☆フライト情報とは…
・フライト目標
・顧客情報（特別なサービスを必要とする方）
・サービスの組み立て情報
・緊急時のための知識確認

↓
11:00 離陸
↓ 約15時間のフライト
2日目 2:00〔12:00〕
↓ 打ち合わせ（ブリーディング）
自由時間（休憩、観光など）
4日目 22:30〔8:30〕離陸
↓
5日目 14:00 着陸
↓ デブリーディング
（フライト目標の達成度
反省点、良かった点、
フライトの様子を報告書にまとめる
帰宅

・スケジューラー（CAのシフトを組む人）が翌月の予定を毎月26日に配布する
・スーツケースには…
身分証ID、名ふだ、パーサーバッチ、ビザ
パスポート、健康保険証、カウンター
フラッシュライト、かぎ（棚、ロッカー等）
・身だしなみは客観的に清潔に。
不快感を与えない。
香水はつけない。

客室乗務員の仕事内容

①飛行機に複数あるドアの安全管理をする
1人1つのドアを管理し、セレクターレバーというレバーを使ってモードの変更や安全確保を行う。
②不審な物、人がないか監視する
保安用員としてお客様の安全を守る。
③お客様をおもてなしする。
サービス用員としての役割。

この仕事を選んだ理由

・大学で英文科を専攻していたのでそれを活かそうと思った
・お姉さんもCAで色々な人や土地などとの出会いがあり楽しいと言っていたから

仕事をしていて良かったこと、うれしいこと、楽しいこと

・この仕事は毎回のフライトで初対面の人とチームを組んで一緒に働くので、コミュニケーション能力がついたこと。
・大切に育てた後輩が育ったこと
・フライトの時、観光ができること
・家事や子育ての切りかえができること

仕事で大変なこと

・クルーには外国人も含まれるため、連絡や打ち合わせが英語で行われること
・機内でおこるトラブル・アクシデントの説明（アナウンス）を英語で行うこと
・体調管理（生活が乱れてしまうから）
・時差ボケ
・土日の深夜便の乗務は家事・子育ての両立がきつい

必要な資格や免許

特にないが（英語を話せること
コミュニケーション能力

きまり事

・フライトの12時間以内の飲酒・薬を飲むことは禁止。
・24時間以内のダイビングは禁止。
・当日の献血は禁止。
・妊娠したらフライトは禁止

仕事や人生での目標

・自分、家族共に健康に過ごしたい
・地上職という選択肢もあるが、できるだけフライトを続けたい

中学生へのアドバイス

・英語力の向上に向けて地道に努力する
・TOEIC等にチャレンジするのも良い
・色々な事を見て知ることで視野を広げる
・若いうちからコミュニケーション能力をつける

感想

客室乗務員の仕事は機内のサービスだけでないことに驚きました。私たちが、飛行機で安全な旅ができるのもこの仕事のおかげだということを改めて感じました。自分の仕事が好きだと、毎日がとても楽しいということを聞いて私もやりたい仕事をもっと知りたいと思いました。

資料 1.4 「職業調べ」生徒作品

③英語学習についてのインタビュー(夏休みの課題)

　②の職業調べと合わせて、実施しました(資料1.5)。インタビューの対象は、職業調べで話を伺った方でもよいし、あるいは英語学習について特に話を伺いたい方がいればその方に聞くことも可としました。

　インタビュー項目や記載事項は、以下の通りです。

- ・インタビューする相手の方の英語との関わり
　　英語を使って「これからチャレンジしようとお考えのこと」
- ・「楽しもうと思っていらっしゃること」「これからの夢」
- ・英語学習について、中学生へのアドバイス
- ・今回のお話を伺って、英語学習について考えたこと

　この活動は、職業調べに上乗せした形で実施した生徒がほとんどでしたが、学生という立場を離れ、実際に一社会人として生きていく中で、英語とどう関わるか、そして中学生という時期に、英語に関してどのような力をつけておくべきかについて貴重な話を伺う機会となった生徒が多くいました。英語を単に試験を乗り越えるための道具だけで終わらせないためにも、自分にとって本当の意味での英語学習、英語との関わりを考える機会となったと言えます。

実践編

英語学習についてのインタビュー（英語科）

2年　　　組　　　番　氏名　　　　　　　　　

夏休み中の課題「職業調べ」においてお世話になる方に、次のことについても話をうかがってみよう。

仕事＝国連、英会話スクール校長

1. ご自身と英語との関わりについて（現在の仕事やプライベートにおいてのこと．また学生時代も含め、これまでに英語で活動されていたことや勉強のしかたなど）

始終英語でプレゼンをしたり、外国人と会話したりしている。授業もしているので英語と日本語は5：5くらいの割合で使っている。大学はケンブリッジで、ずっと英語だった。

2. 英語を使って、「これからチャレンジしようとお考えのこと」や「楽しもうと思っていらっしゃること」、またこれからの夢について

いつも英語で外国人と話すのは楽しいと感じている。世界どこでもチャレンジしています。アメリカの日本人に英語を教えることが夢。仕事内での夢は全ての子供が未来を選べるようにすること。

3. 英語の学習について、中学生へのアドバイスをいただこう。（「中学生の時に出会っておいた方がよい英語の世界」「おすすめの勉強のしかた」など）

英語は高校に行ったり、テストで良い点をとるために勉強してはいけない。将来外国で英語を使うために勉強すべき。文法は大事だが、それより英語で会話することが大事。学校ではそういう授業はなかなかしてくれないから、触れづらい勉強だとは思うけど。一番よいのはネイティブと話すこと。

4. 今回のお話をうかがって、英語学習についてあなたが考えたことを書きだそう。

毎日毎日英語と関わり、話している方だからこそ、英語は大切と言われて「そのとおりだ」と思えました。なかなかネイティブの方と出会う機会は少ないけど、機会があったらつたない英語で話しかけてみても良いかなと思いました。また、英語を話せることによって世界の幅が広がることがよくわかったので、speaking testは将来にとってのチャンスだなと思います。

資料1.5　「英語学習についてのインタビュー」生徒作品

④自分の木（夏休みの課題）

　高校ですでに使用されている MLM の「自分の木」と概ね同じものですが、中学生の発達段階に合わせ、一部修正しました。中学生の段階で、職業について具体的なレベルで考えを持っている生徒は多くありません。そのため、幹から分かれた左側の枝の「職業について」を「将来について」とし、高校進学などの近い将来から、実際に社会人として働く時のことも含め、今後の自分がどのように英語学習と関わるか、考えられる範囲で書き出すように指導しました。また今後、前述の「英語力の伸び」について書き込む際、合わせて記入する機会を作るので、今完成させる必要はなく、これから成長と共に何かに気づいたり、不安として書き出したことが解消されたりなど、足跡として残していけばよいことも伝えました。資料 1.6 は、生徒が夏休みに記入し、9 月に提出したものです。その後、12 月の最後の授業でも、2 学期の英語学習や夏休みの職業調べ、英語学習についてのインタビューを踏まえた形で見直しをさせ、記入作業を行いました。引き続き各学期の終わりに書き加えられることになります。

　提出された作品に書き込まれた情報量には、当然ながら個人差がありますが、書き込みの少ない生徒であっても、「仮に」という自分の将来を描きながらも、今後の自分の進む道の中でどう英語と関わっていこうか考える機会になっていると言えます。中学 2 年生から 3 年生の時期にかけて、自分の進路について、そしてその中で周りの大人の情報から、何かヒントをつかんで方向性を見つけられるように指導したいと思っています。

実践編

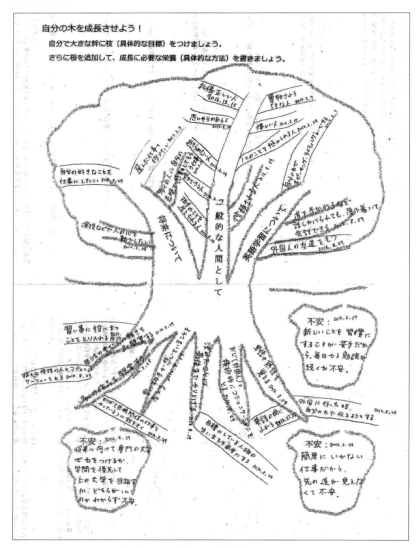

資料1.6 「自分の木」生徒作品例

▶ 4. 成果と課題

4.1 生徒の変化

MLM を今回初めて使用し、生徒たちは主に次のような機会に恵まれました。

(1) Unit が始まるたびに振り返りシートで目標を確認し、終了後にその成果を確認する。
(2) 年間を通して自分の英語力の伸びを確認する。
(3) 自分の将来の生き方を少しずつ思い描き、その中で英語、また英語学習とどう向き合うかを考える。

上記の各項目について、MLM の各教材の特徴と合わせて具体的な生徒の変化を以下に記述します。

(1) Unit ごとの振り返りシートを使用したことで、一斉指導の授業で使用する教科書の目標を意識し、到達できたことを確認すること、また学習の成果を実感できることが生徒たちの自信につながりました。前年度の授業でも、4 技能における基礎力の定着をめざし、学校での授業と基礎英語などの視聴を奨励した家庭学習を中心に、学習指導を実施してきました。そして生徒が毎月の学習状況の振り返りを行いました。もちろん以前から使用している「英語学習ダイアリー」は個別の学習習慣を確認する資料として有効ですが、学習の成果を振り返る資料にはなっていませんでした。アンケートでは、「ふり返り、反省することで自分がすべき課題がわかった」「その Unit でやったことが、☆の形式でわかりやすいので、続けてほしい」などの記述が見られました。
(2) Can-do リストにおいて、年間 4 回の記入のうち、現在は 3 回の記入を済ませたところです。夏休みが終わった段階でのアンケートでは、前述の 3.2 で述べた通り、1 つ 1 つの項目を記入しながら成果を確認することで、評価のランクが上がって自信につな

がったり、今後の目標として再認識したりなど、これからの前進につながる成果が見られました。
(3) 道徳で扱った「自分探しのマインドマップ」「職業調べ」を通し、自己を見つめる機会、そして働くこと、どのような生き方をするのかということについて、考える機会を持つことができました。それらの活動と結びつける形で「自分の木」「英語学習についてのインタビュー」を英語科の夏休みの課題とし、「職業調べ」「英語学習についてのインタビュー」で伺ったお話を踏まえて、自分自身が現在どうあって、これからどんな方向に進んでいきたいか、そしてどのように英語と関わっていきたいのかについて、考える機会となりました。「自分の木」では、書き出されている情報の量に差はあっても、それぞれの目標とする進路や思い描く自分の将来像、また現在の不安を可視化し、生徒の中で整理することができました。英語学習についても、自分で考えたこととして「試験のためだけの勉強ではいけない」「英語が話せることで世界が広がる」「英語を積極的に勉強したい」「英語を勉強すると将来絶対に役に立つ」などの記述が多く見られ、生徒たちのモチベーションにもつなげることができたのは大きな成果でした。

4.2 教師の変化

　MLM導入以前から「英語学習ダイアリー」等で、生徒の学習習慣などをこまめに見ながら、生徒自身が自分の学習状況を振り返って自己評価をすることで、次の課題を見つけられるように促してきました。今回MLMを通して、生徒たちがポートフォリオでの学習の振り返り、また「職業調べ」「英語学習インタビュー」を行い、その中で挙がってくる生徒の自己評価および感想や振り返りなどの記述に目を通す機会が増えました。そして、それらをもとに、年間の指導計画や授業の指導案を作成する段階で、各活動の目的や4技能のバランスをより明確に意識して内容を決定することができました。

　以下、J-POSTL《➡理論編 p. 52》に沿って具体的に記述していきます。

1. 学習者が各自のニーズや興味・関心に合ったタスクや活動を選択するように支援できる。

　教師自身の変化として挙げられることは、授業での冒頭の時間帯において、以前に比べ、多くの活動や教材をいわゆる帯活動として盛り込み、継続的に実施するようになったことです。現在実施している帯活動は主に①短い読み物教材のリーディング活動、②英語の歌、③1分間トークの3つになります。①②の活動をより強く意識したきっかけは、教科書以外の教材で、特にオーセンティックなものによる英語のインプットの機会を確保することももちろんですが、さまざまな形で英語と触れる機会を作ることで、自分の興味のあるところから英語に関わる糸口に見つけさせたい、英語への関心を持たせたいと考えたことでした。

　①の読み物教材については、『読みトレ50』（浜島書店）を使用し、2年生の5月からほぼ毎時間使用し、11月で終了したため、3学期には次のシリーズの『読みトレ100』を使用することにしています。どちらもアメリカから1年間留学で来日した中学生が体験した日本の文化や学校生活などの身近なトピックについて、簡単な英語で書かれた英文を読む活動で、3年生で実施予定の「日本文化の紹介」で使える表現が多く出てくることも伝え、必要であれば語彙や表現のリストを作成するようにも指示しています。

　②の英語の歌については、前年度に指導した際に、生徒たちが「英語の歌」に興味を持ち、2年生では昨年度よりも若干多めに導入しています。一時的に途切れたこともありますが、歌に興味を持った生徒が、自主的に調べたり、"YouTube"などでダウンロードして聴いたりしたこともありました。

　③の1分間トークについては、6. で述べたいと思います。

2. 学習者が自分の学習過程や学習成果を自己評価できるように支援できる。

　学習の過程については、これまでの「英語学習ダイアリー」を通して1ヵ月の学習状況を振り返り、自由記述形式で反省も含めた形で評価をし、翌月の目標を立てることで、学習の習慣につなげるための活動に取り組ん

できました。学習成果の自己評価については、これまで特に実施していませんでしたが、Can-do リスト形式の「英語力の伸び」のチェックシート、Unit ごとの振り返りシートを通して自己評価させる機会を作ったことは、MLM での成果と言えます。

3. 学習者が自分で目標や学習計画を立てる手助けや指導ができる。

　目標や学習計画を立てるための手助け、指導として、これまで前述のように「英語学習ダイアリー」を使用していましたが、その月の反省を踏まえた上での翌月の目標という形で行っていました。Unit ごとの振り返りシートで、各 Unit の到達目標を示すことで、当該の教材を通してどんな力をつけるべきなのかを明確にしました。また「自分の木」の作成を通して、自分の将来像に合わせて、英語学習についての長期的な目標を生徒自身が考える機会を提供できました。

4. 学習者が自分の知識や能力を振り返るために役立つような様々な活動を設定できる。

　「自分の知識や能力を振り返るため」の活動とは、まずはテスティングが挙げられますが、振り返るために役立つ活動となると、テストを受けた後で、どのようにフィードバックを与えるか、次につなげるためにどう復習させるのかということが大事だと思います。MLM の構成には入っていませんが、定期考査や実技のテスト（ALT とのインタビューテスト、スピーチ形式のテストなど）の後で、自由記述形式で自己評価をさせ、こちらも記録として残すように指示しています。

5. 学習者が自分の学習過程や学習スタイルを認識し振り返るために役立つ様々な活動を設定できる。

　「学習過程」「学習スタイル」を振り返る活動として、「英語学習ダイアリー」を設定してきました。日々の学習の記録から月末にその月の学習状況を振り返り、必要に応じて、学習方法の見直しをしたり、また変更の検討をしたりする機会を作ることに取り組んできました。

6. 学習者が自分の学習ストラテジーや学習スキルを向上させるのに役立つような様々な活動を設定できる。

中学生を対象としているので、主に学習スキルの向上のための手立てを用意しました。

1. で述べた帯活動として実施している「1分間トーク」は、2年生の秋から開始しました。これまで学習した英語の表現を自由に使って、教師が指定したトピックについてペアで1分間話し続ける活動です。ほぼ毎回実施していますが、生徒は終了後に、自分がパートナーに質問した回数、質問に答えた回数を記録させる形で、足跡を残していきます。この回数は、相手の質問が分からなくて聞き返したり、また相手が質問を理解できずに会話が止まってしまったために、答えやすい形の質問をし直したりした場合も回数に数えられるようにしています。また、質問ではなく相手に自分のことを語る場面の情報量については数を数えていないため、数字だけでは計り切れない部分もありますが、生徒たちが英語で会話し続ける、話せない場合でも聞き手に徹して、相手の話に耳を傾け、あいづちを打ちながら反応することでスピーキングによるコミュニケーション力を育成する機会を持つことも目的としています。会話を続けるために、つなぎ言葉、あいづちを打つ表現なども、吹き出しの形で黒板に貼り出しながら毎回確認し、適宜使えるように指導しました。

また、リスニングの処理速度を上げるため、1年生の後半からスピードの速いリスニング教材を自宅学習用として持たせています。当初はそのままの速度で聴くように指導しましたが、2年生になって、依然として聞き取れない生徒もいることに対応するため、最初はパソコンでゆっくり再生するなど自分に合った速度で調整して聴き、内容を聴き取れたら1倍速で聴くようにアドバイスをしました。使用されている表現は難しいものではなく、速度のみ非常に速い教材のため、英語が苦手な生徒が抵抗感を持たずに取り組めるための手立てとして実施しました。

4.3 課題

MLMによる活動を通して、「学習者の自律」を支えるための活動が盛

り込まれていることが分かりました。それと同時に、各項目についてまだまだ改善の余地を残していること、また前節の4.、5.、6.のそれぞれの項目において、「様々な活動を設定できる」という点で、もっと数多くの活動を挙げることができなければ、不十分であることも言えます。

　その他、現在は従来取り組んできた「英語学習ダイアリー」や年度始めのアンケート、そして今年度の取り組みでMLMを2本立ての形で実践していますが、今後内容や方法を精査し、見直しながら実践していくことも課題です。

第2章 コミュニケーション活動で英語学習への姿勢改善を
蒲田女子高等学校での実践

木内美穂

♯ 自分の教師経験

- 経験した校種：高等学校（都立共学、私立共学、私立女子）
- 教職年数：18年

♯ 実践校の実態

- 普通科（幼児教育・保育コース、キャリア・デザインコース）
- クラスの人数：約40名
- 英語学習の時間数：1年生　コミュニケーション英語Ⅰ（4単位）、2-3年生　コミュニケーション英語Ⅱ（各3単位）、英語表現Ⅰ（各1単位）
- 英語の学習に自信のない生徒が多い。

♯ MLM導入のねらい

- 学習に取り組む生徒の姿勢の改善。
- コミュニケーション活動を中心とした授業への転換。
- 評価方法の見直し。

♯ MLM実践の結果

- 生徒の英語学習に対する否定的な意識の改善。
- 授業内容の改善。

♯ 今後の課題

- 題材についてより深く考えることのできる活動を充実させる。
- 教室外で自分の英語を理解してもらえたと感じられる体験ができるような、身近なことを題材とした活動を充実させる。

実践編

▶1. 学校の実態

　前任校、蒲田女子高等学校は普通科高校ですが、幼児教育・保育コースと、キャリア・デザインコースの2つのコースを持つ学校です。キャリア・デザインコースは2年次よりフード、ファッション、スポーツ、アドバンスの4つのコースに分かれます。生徒たちは、中学校で行われている職業体験、ボランティア活動など、さまざまな体験を通して将来の夢がはっきりしていたり、将来の自分の夢を見つけたいと考えて入学してくるため、それぞれの専門科目には積極的に取り組みます。しかし、一般教養を学ぶ教科に関しては苦手意識が強く、特に英語に関してはかなりの劣等感を持っている生徒が多くいます。学力もやる気もさまざまで、教室内には学習に対する温度差が生じてしまうこともあります。中学校で英検3級を取得する生徒は、ほとんどいません。家庭学習の習慣がついていない生徒が大半であることも特徴です。進路は、自分の在籍するコースで学んだことを生かした進路を選択する生徒が多く、進学先は大学・短大が3割強、専門学校が約半数になります。

　学校の雰囲気は、元気な生徒が多く、あいさつの声も大きいです。部活動に所属している生徒も多く、校内はいつも活気があります。特に幼児教育・保育コースの生徒は、普段から同じ敷地内にある併設の幼稚園の園児たちと接しているため、教室の雰囲気を盛り上げるのが上手で、クラスの前に出ても落ち着いて話をすることができる生徒が多くいます。

▶2. MLM導入のねらい

　素直で元気がよい反面、学習習慣がついておらず、英語への興味はあるものの学習意欲が高まらない生徒たちに、積極的に英語学習に取り組んでもらおうと、さまざまな方法を試してきました。例えば、各コースの特性を生かした導入や活動など、新しいアイディアがあればすぐに試してみました。授業の雰囲気もよく、定期テストにも積極的に取り組む姿勢が見え、手応えも感じていましたが、外部テストでの評価はなかなか上がりませんでした。また、授業中によくうなずき発言もする生徒が多いにも関わらず、実際には授業内容を理解していないということも多くありました。

たとえ授業中に理解しても復習をせずに忘れてしまうことが多く、結局は身につかないということもよくありました。生徒たちに自信をつけさせたいのと同時に、受け身ではなく積極的に学習に取り組む姿勢をつけさせたいと常々考えていました。また、どのクラスも40名程度クラスなので、比較的大きなクラスという特徴を生かして、生徒が互いに学び合える環境を作りたいと考えていました。それには授業の改善が必要でした。MLMの導入にあたっては、生徒の学習意欲の向上と、教師の授業改善、評価方法の見直しの3つが大きな目的でした。

コミュニケーション英語Iは複数の担当者がおり、MLM導入の前年度から使用方法などを検討し、準備を始めることになりました。定期的に打ち合わせをして教師間のコミュニケーションを多くすることは、授業内容や評価方法を見直すためにもとても意味のあることです。そのような機会を多く持ちたいとそれぞれが考えていましたが、そのきっかけを得ることができたということは、「教師間の目標や情報の共有」もねらいの1つだったと言えるかもしれません。

▶3. 1年目の取り組み

本校では英語学習イコール「単語を覚えること」「文法を理解すること」と捉えている生徒が多く、これが英語学習を敬遠する理由となっているように感じます。しかし、「英語をカッコよく発音してみたい」「英語で話してみたい」という欲求は、どんなに英語の授業が苦手でも消えることがなく心の中に持っているものです。MLMでは、この本来持っている前向きな考え方を再び生徒たちに思い出させてくれるものになりました。

3.1 「自分の英語学習へのニーズを考える項目」

生徒の学習意欲の向上には、英語を学習する必要性をはっきりさせることが大切です。自分の夢や目標と英語学習を関連づけて考えるために、この項目をクラスや生徒の特長を生かしながら活用できるのではないかと思いました。「未来の自分と英語学習について考えよう」「自分の木を成長させよう」のページでは、自分の英語学習へのニーズを確認し、目標を設定

していきます。ここでは、本校の生徒が比較的はっきり将来の夢や目標を持っていることが生かせると考えました。

　4月にまず驚いたのは、「未来の自分と英語学習について考えよう」のページの記入をした時です。どの生徒も自分の夢や将来の目標と英語学習を関連させることがすぐにできました。ほとんどすべての生徒が自分の将来に英語が必要と感じていたのです。しかし「自分の木を育てよう」では、枝や根の部分により具体的に自分の目標や今やるべきことを記入しなければなりません。英語学習の必要性は感じているものの、具体的に何をしたらよいのかすぐに思いつく生徒はなかなかいませんでした。そこで、このページは、まずグループで取り組むことにしました。模造紙にこのページの木を書き写し、「自分の木」ではなく「自分たちの木」を育てることにしたのです。葉の形をした付箋には目標を、吹き出しの形をした付箋には目標達成のために努力したいことを書いて貼っていきました。クラスメイトといっしょに取り組むことで、互いの考えや学習態度などを共有し、どのような目標を設定したらよいか、そのために今何をしたらよいかを気づくきっかけになったのではないかと思います。1年後には目標を達成して赤いリンゴの付箋を貼ることのできた生徒が多くいました（資料2.1）。

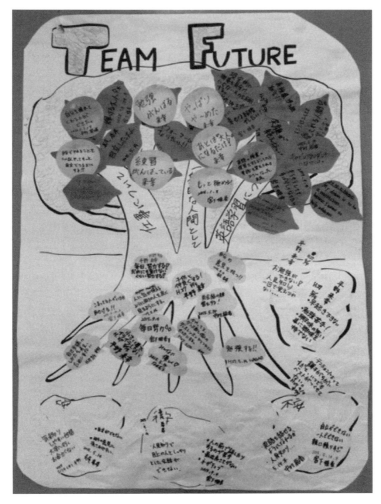

資料 2.1　4名グループで作成した木の一例

3.2 「Can-do 形式の自己評価の項目」

　この項目では、各単元の授業や課題で取り組んだ成果を自己評価し、自分の英語学習サイクルの確立をめざします（資料 2.2）。ペアやグループでの活動を充実させることで、生徒たちの元気で明るい部分を生かした授

業にすることができると考えました。各単元の到達目標を生徒と共有するため、授業で行う活動が到達目標につながっているとはっきり分かるようにすること、自己評価をしやすくするために生徒間での相互評価を取り入れること、コミュニケーション活動をさらに充実させることなど、具体的な授業改善の方向性が見えてきました。

資料2.2　自己評価のページの一例

授業改善と同時に、評価方法にも見直しが必要だと考えました。コミュニケーション活動を充実させるということは、筆記試験のみで評価をすることが難しくなります。学期ごとにパフォーマンス・テストを導入し、授業で学んだ表現の定着を確認することにしました。

3.3 コミュニケーション活動の充実

コミュニケーション活動の充実をめざして、単元ごとに「学んだことを活用したプロジェクト学習」を行いました。特に「相手に分かりやすく伝える」ことをめざし、グループでの発表活動の機会を多く持ちました。その基礎となるのが、教科書本文になります。本文で学んだ表現方法を使えるようにするため、音読練習にも時間をかけました。音読で自信がつくと自然に発表活動での声も大きくなり、発表態度も堂々としたものになってきます。すべての活動が各単元の最後に行うコミュニケーション活動や、学期ごとのパフォーマンス・テストにつながると意識させることが必要でした。

コミュニケーション活動は、1年生では「好きな料理の紹介」「好きな絵画の紹介」などのグループ発表、「中学校の先生に向けた手紙」「北海道のガーデナーに向けた手紙」などのライティング活動、ALT（Assistant Language Teacher）へのインタビューや環境問題に関するクラスルーム・ディベートなどを行ってきました。「好きな絵画の紹介」をグループ発表した際には、4名ずつのグループを作りました。各グループで絵画を1つ選び、教科書の表現を使って英作文し、暗唱して発表するというものにしました。他のグループは発表を聞いて一人ひとりを評価するという課題も与えました（写真2.1）。ディベートではペアで準備をするように工夫し、調べ学習や英作文にも取り組みやすくしました。Positive, Negative, Judge, Chair person の役割で、必ず一度は Positive か Negative の役割を務めるようにしました。この活動は生徒にとっては満足のいくものだったようで好評でしたが、「質問が多く、ライティング活動には時間がかかる」「添削に時間と労力がかかる」などの課題も残りました。

写真 2.1　グループ発表の様子

3.4　到達目標を意識しやすい授業にする工夫

　ペアや他グループの評価をする機会を多く作り、クラスメイトを評価することで目標を意識させるようにしました。ペアで行う音読練習では、ペア音読シートを使い、「スピード・ポーズ、アクセント・イントネーション、声の大きさ・クリアさ」などを互いに評価することにしました。

　また、「発表活動評価シート」では「発表態度、アイコンタクト、声の大きさ、流暢さ、発音、伝わりやすさ」を各グループで評価することにしました（資料 2.3）。評価シートは必ず本人に返却し、自己評価をする上で参考になるように MLM に貼っていくようにしました。発表以外のグループは、「発表活動評価シート」を使って一人ひとりの評価をするという課題を与えました。評価シートは次の授業でそれぞれの生徒に返却します。MLM には自己評価につながるものを貼っておくように指示を出してあるので、全員がこのシートを貼っていました。このクラスメイトからのフィードバックを参考にすることで、自己評価がしやすくなったとの意見が多くありました。最初の年は、この評価シートはグループ全員をひとまとめに評価するものでしたが、グループの評価としては参考になっても、個人の自己評価にはあまり役に立たないものになっていました。生徒から個人のものが欲しいという希望があり、改善していったもので、生徒といっしょに作り上げてきた評価シートです。生徒に配布するものの多くは、このように生徒からの意見で改良を重ねてきたものです。この点から

も、生徒たちが自分の学びに役立つものを求めていることが分かります。

資料2.3　発表活動評価シート

3.5 評価方法の見直し

　今まで行っていた筆記試験だけでは評価できなかったスピーキングやリスニングを評価するために、パフォーマンス・テストを導入しました。学期ごとに行い、別室を用意して録画したものを評価しました。生徒たちが評価の基準を理解するために、サンプルとしてあらかじめ上級生が会話している映像を見せ、評価させました。その際、教師はコメントせずに生徒間で意見を出し合い、実際に使用するパフォーマンス・テスト評価シート

に記入させました（資料2.4）。

第3回パフォーマンス・テスト

氏名				
内容	①応答したか	2	1	0
	②発展させたか		1	0
言語	①スピード・ポーズ	2	1	0
	②アクセント・イントネーション	2	1	0
	③分かるように伝えられたか	2	1	0
態度	マナー		1	0
コメント				/10

資料2.4　パフォーマンス・テスト評価シート

　1学期のテストは、疑問詞を使った疑問文とその答え方の定着を確認するものにしました。疑問詞を使った疑問文の書いてあるカードを5枚机上に置き、ペアの1人がカードを1枚引きます。書かれている疑問文から、1分間会話を続けるというものです。会話が続かなくなったら、別のカードを何枚でも引いていいことにしました。

　2学期はクラスルーム・ディベートを行ったので、パフォーマンス・テストも、テーマに関して賛成・反対など自分の意見を話し合うというものにしました。テーマは「土曜日も普通授業をするべきだ」「英語を学習する高校生は全員留学するべきだ」の2つで、どちらかのテーマについて賛成と反対に分かれて互いの意見を1分間話し合いました。

　3学期は、ALTが本校の制服について説明し、生徒に向けて4つの質問をしているビデオを作成しました。その映像を4名グループごとに見せ、ALTの質問に答えるという内容にしました。

3.6　1年目の成果と課題

　1年間の取り組みの結果、生徒の多くは音読練習や発表活動に積極的に取り組むようになりました。また、クラスメイトや自分を客観的に評価することで、小さな目標を自然に立てるようになりました。コミュニケーション活動やパフォーマンス・テストでは、授業で行ってきた活動でのクラスメイトからの評価や自己評価を参考に、自らの課題を見つけて取り組む様子がうかがえました。「次の発表ではもっと良い発音で話したい」「次のパフォーマンス・テストではもっと滑らかに自分の意見を言いたい」という欲求が、日々の授業をより活気のあるものにするというサイクルができてきました。いつの間にか「単語を覚えること」「文法を理解すること」が学習の目的になってしまい、「やらされている」イメージだった英語学習が、「もっと自分の英語を理解してもらいたい」という「自ら学ぶ」姿勢に変化してきました。

　課題も浮かび上がってきました。1年のまとめである「自分の英語学習について気づいたこと、これからの課題」ページには、「グループ発表やパフォーマンス・テストでは、言いたいことが上手く表現できない」という感想が多く書かれていました。英語の統語能力がないため、文章が作成できないのです。これは、ライティングの機会が少ないことに大きな原因がありました。次年度ではライティングの機会を確保し、表現したいことを書く活動を定期的、効果的に行うよう工夫することにしました。

▶4.　2年目の取り組み

4.1　ライティング活動の充実

　前年度の反省を踏まえ、2年生では特にライティングを強化することにしました。主な取り組みとしては、「ALTと協力してMLMのコメント欄になるべく英語でコメントを書かせる」、「各単元でのコミュニケーション活動でライティングの活動を多くする」の2点でした。

　MLMのコメント欄を英語で書いた場合は、ALTにも読んでもらい、必要に応じて英文を添削し、一言コメントを書いてもらうことにしました。読んでもらいたい、伝わる英語で書きたい、という欲求を持たせるこ

とが目的でした。

　ライティング活動では、「好きな絵画の紹介」「修学旅行の報告」などのエッセイにも挑戦しました（資料2.5）。2年次に行う「好きな絵の紹介」をテーマにしたエッセイ・ライティングは、1年次のグループ発表を応用したものです。1年次では4名グループで1つの絵画を選び、その絵画のモチーフや作者などの紹介をしました。2年次では絵画の説明だけでなく、自分の意見や感想も盛り込んだ文章を書くことを目的として、個人での活動としました。美術の授業で使用している絵画ポスターから好きなものを1つ選び、美術で学んだことを参考にできるようにしました。さらにその絵画についての情報をインターネットなどから収集し、その絵画を見た感想や自分の意見をまとめてくることを宿題にしました。まとめてきたものを英作文するのは、授業内で行うことにしました。その絵の魅力が伝わるようなエッセイにまとめ、提出するまでには、ある程度の時間が必要でしたが、1年次で行った発表から段階を踏んでステップアップした内容だったため、生徒も教師も無理なく取り組め、プロジェクトとしては満足のできるものになりました。

第2章　コミュニケーション活動で英語学習への姿勢改善を

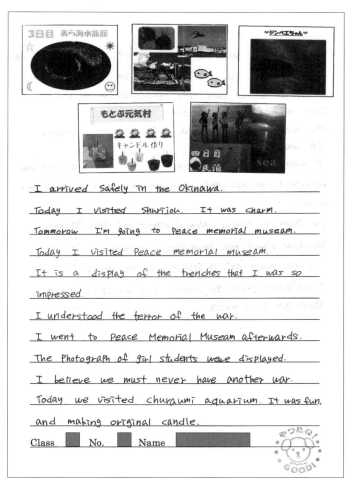

資料2.5　エッセイ・ライティングの一例

4.2　2年目の成果と課題

　一番の変化は、生徒の英語を使おうとする姿勢です。特にALTとのコミュニケーションに変化がありました。ALTが作成し、職員室前に設置したMAIL BOXに手紙を入れる生徒の数が以前と比べ増えました。休憩時間や放課後にALTと話すために多くの生徒が職員室を訪れ、会話の中

実践編

で日本語を使うことはほとんどなくなりました。また、MLM のコメント欄には、英語で記入する生徒が 90% を超えました（資料 2.6）。

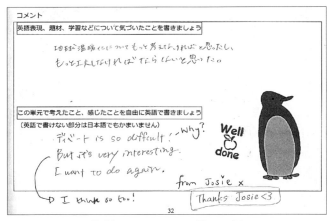

資料 2.6　コメント欄の一例

　ライティングの機会を増やすことで添削など教師の負担が大きくなり、また授業内での英作文は時間がかかってしまいました。ペアやグループを活用したライティングの指導に取り組み、授業を効率的に進め、添削の時間や負担を軽減することが今後の課題です。

▶5．まとめ

5.1　生徒の変化

　2 年間にわたり MLM を使って授業を行うことで、教師だけでなく生徒も「学んだ英語を使って何ができるか」を常に意識するようになりました。自ら学ぼうとする姿勢が育ってきているように思います。学習の成果としては、定期試験や外部テストにおける成績の向上が見られました。外部テストの結果からは基礎学力の定着に改善が見られ、手応えを感じている生徒も多く、英検などにも積極的に挑戦するようになりました。

　学年末に実施したアンケートの中から生徒のコメントをいくつか紹介します。

- My Learning Mate は、全体として自分の英語学習に役立ったと思うか。
 「自分の不得意な所、得意な所を My Learning Mate に書いていろいろ気づかなかったことや反省点、次にも継続できたことがこの冊子を使ってよかったと思います」
 「Lesson が終わるごとに復習ができて、分かったところ、分からないところが具体的になり、次の課題が見つかった」

- 「未来の自分と英語学習について考えよう」と「自分の木を成長させよう」は、自分の将来と英語学習を考える上で役立ったと思うか。
 「『自分の木を成長させよう』は一年たった時に達成できたかできていなかったかが分かるのでやって良かったと思います」
 「英語学習に意欲を持ちやすくなった」
 「将来を考える上で、英語が必要かどうかを考えたのがよかった」

5.2 教師の変化

　生徒の意識に変化が見られたのと同じように、教師の側にも意識に変化がありました。MLMの導入にあたり、開発者である清田洋一先生とは準備段階から打ち合わせをしてきました。もう1人の担当教員と3人での打ち合わせは、新しい取り組みをするためにとても有意義な時間となりました。それまでは前年度から授業の内容や進め方について細かく打ち合わせをしたことがなく、アイディアを出し合うこともあまりなかったのが、これをきっかけに職員室でも頻繁に情報交換をするようになりました。また、打ち合わせを定期的に行うことによって、「これを教えるべきだ」「これはできないだろうからやめておこう」という教師の思い込みを捨て、今までなかなか踏み出せなかった活動にもチャレンジしようという気持ちが生まれてきました。例えば、以前は難しいと思っていたクラスルーム・ディベートに1年次でチャレンジすることにし、ある程度の成果を得ることができました。また、準備がしっかりできた状態で指導する重要性を改めて感じ、1年間の指導計画を、単に各課の目標をめざすのではなく、指導段階にも配慮したものになるよう、準備段階から綿密に立てるように

なりました。

5.3 言語教師のポートフォリオ

J-POSTL《➡理論編 p. 52》の「学習者の自律」の項目において、自分自身の変化や気づきについて触れたいと思います。

1. 学習者が各自のニーズや興味・関心に合ったタスクや活動を選択するように支援できる。

　この項目については、自己評価が多少上がりました。「自分の木」や理想の将来像を描くページなどにより、英語学習と将来の目標が関連づけられ、学習意欲も向上しました。発表活動やライティング活動などでは自分の興味のある題材を選べるよう工夫をしています。自ら目標を立てるための指導は、MLM を使用するまで意識的に行ったことはありませんでした。MLM を使って授業をする中で、自然に生徒たちが授業や活動の中から次の目標を見つけるようになりました。生徒の学習段階などを考慮し、必要な時に必要な活動を設定することは、これからまだまだ改善する余地があります。

2. 学習者が自分の学習過程や学習成果を自己評価できるように支援できる。
3. 学習者が自分で目標や学習計画を立てる手助けや指導ができる。
4. 学習者が自分の知識や能力を振り返るために役立つような様々な活動を設定できる。

　上記の項目における自己評価は、MLM 導入前より大きく上がりました。それは、清田先生との打ち合わせで、主に「生徒が自分の学習過程や学習成果を自己評価できるように支援する」ためのアドバイスをいただいたことで、授業が劇的に変化したからです。以前はペアでの音読練習は互いにアドバイスをし合うだけのものでしたが、評価シートを使って評価をし合うことで、生徒同士がどのように音読したらよいかを客観的に、分かりやすく伝え合うことができるようになりました。また、発表活動では発表を聞いている生徒に与える課題を毎回考えるのに苦労していました。さらに

よい発表にするために加えたらよいと思う英文を1文考えさせたり、感想を英語で書かせたり、いろいろ試みました。発表グループの評価をするという課題はどんな題材の時も使え、その後にもらえるフィードバックを生徒たちは楽しみにしている点でも、私たちの授業には不可欠なものになりました。今まで授業で行っていた音読や発表の活動を少し工夫することによって、すべての活動がつながり、生徒が自分の目標や計画を立てて学習できるサイクルができあがってきたと感じています。

5. 学習者が自分の学習過程や学習スタイルを認識し振り返るために役立つ様々な活動を設定できる。
6. 学習者が自分の学習ストラテジーや学習スキルを向上させるのに役立つような様々な活動を設定できる。

上記のような活動を効果的に設定できていたかは分かりません。自己評価も以前と変わっていません。しかし、生徒からの質問はスピーキングやライティング等の具体的なものが多くなりました。ライティングには多くの生徒が苦手意識を持っています。ライティング活動は以前に比べて増やしてきましたが、これにはまだ課題が残っています。家庭学習につながる活動を設定する必要があると考えています。

5.4 おわりに

MLMを使って授業をしている先生方の輪が、今広がりつつあります。そのような先生方との意見交換は、勤務する学校が変わってしまっても、とても刺激になります。ネットワークが広がり、自分だけでは気づかないアイディアや他校での取り組みを知る機会が増えたことも、とても大きな変化です。

今後は、教科書の表現を使うだけでなく、自分の考えや意見が表現できるような題材について、より深く考えることのできる活動を充実させていきたいと考えています。また、校外で自分の英語が通じた喜びが実感できるような活動をさらに増やしていきたいと考えています。

生徒のゆるやかな学びの見える化
群馬県立太田フレックス高等学校での実践

齋藤理一郎

＃自分の教師経験
- 教職年数 25 年。学習に遅れがちな生徒の学校での勤務経験が長い。
- 私立中高全寮制、県立女子高、県立共学高、県立定時制高校の経歴。

＃実践校の実態
- 昼間部定時制・単位制高校。学年・クラスという枠組みはない。
- 習熟度別・少人数クラス制を敷く。1 クラスの人数は、10〜20 名。
- 「コミュニケーション英語Ⅰ（必修 4 単位）」は、90 分×週 2 回の授業。
- 生徒が抱える課題として、「学習への苦手意識」「学習経験や習慣の不足」「学習の目的意識の希薄さ」が挙げられる。

＃ MLM 導入のねらい
- 生徒に英語学習の目的意識を持たせ、学習意欲を向上させる。
- 個々の教員の授業力を向上し、教科全体としての協力体制を促進する。

＃ MLM 実践の結果
- 生徒の学習意欲の向上に、一定の効果が見られた。
- 目的意識を持って英語学習に取り組む生徒の数が増えた。
- 学力観・生徒への視点について、教員の共通理解のきっかけとなった。

＃今後の課題
- ポートフォリオの目的と意義を、教科全体で十分に理解する。
- まず教員が学力観を転換し、それが生徒にも伝わるようにする。
- 教員が、「生徒の意欲の変化」の認識を共有する。

▶1. 実践校・クラスの実態

1.1 多様なバックグラウンドを持つ生徒たちと出会う

　実践校は、群馬県南東部に位置する定時制・単位制高校（フレックス・スクール）です。入学定員は、午前部 80 名、午後部 80 名の、小さな学校です。他に、夜間部定時制課程と通信制課程も併設しています。学校の特徴として、学年・クラスという枠組みがなく、生徒は教科・科目で 71 単位と、「総合的な学習の時間」（本校では「ゼミ」と呼びます）を 3 単位以上修得すれば、高校卒業の資格を得ます。実際、3 年で卒業する生徒が 3～4 割程度で、さらに 1～2 割が、4 年以上かけて卒業していきます。

　入学者は、中学校までに不登校の経験がある生徒が多く、全体の半数にのぼります。他に、前籍高校を中退して、「やり直しの高校生活」を送る生徒が 1 割ほどいます。また、地域的に、中南米や東南アジアを中心とした外国ルーツの居住者が多く、彼ら彼女らの進学先となっており、制服がないこともあいまって、校内はさながらインターナショナルスクールのようです。また、発達障がいや学習障がいの傾向がある生徒も多いです。

　このような多様なバックグラウンドを持つ生徒たちについて、学習面で総じて言えることは、学習への苦手意識が強いこと、学習の経験や習慣が不足していること、「何のために勉強するのか？」という目的意識が薄いことが挙げられます。教室においても、教員の指示がなければ（あっても？）授業の準備ができない、授業中の活動の指示に合わせて動けない、動き始めてもおざなりの活動で済ませてしまうなど、生徒の学習への関心が低く、学力の定着もおぼつかず、教員も対応に苦慮しています。特に英語の授業の場合、自分を表現したり、他者と関わりを持つコミュニケーション活動では、生徒は取り組みが消極的だったり、緊張する様子がうかがえたりします。

　生徒にも教員にも、「いったい、何を、どうすればいいんだ？」と戸惑いの空気が流れる中、本校の「コミュニケーション英語Ⅰ・Ⅱ」で使用する *All Aboard!: Communication English* シリーズに対応した学習者ポートフォリオ "My Learning Mate (MLM)" の紹介を受けました。ポートフォリオの活用を通して、生徒が英語学習の目的・目標を持てれば、それ

が学習意欲の向上と、授業への積極的な取り組みにつながるのではないか。そんな期待を持って、英語科全体でMLMに取り組むことに決めました。

1.2 生徒の英語嫌いを目の当たりにする

　MLMを使用する「コミュニケーション英語Ⅰ」は、新入生のほぼ全員が受講登録します。他に、前年度までに出席が足りずに未履修になった生徒が「高校の必履修科目だから」と再登録したりするので、受講人数は200人程度です。英語科では、これを4講座に分け、さらに「習熟度別・少人数クラス」で対応しており、1クラスの人数は10〜20人になります。

　MLMを使用するにあたり、高校での英語学習の目標を確認するため、生徒も教員も共通理解をはかるガイダンスを講座全体で行いました。まず、生徒のこれまでの英語学習履歴を確認するため、MLMの「私の英語学習プロフィール」という活動に取り組みました。

　この活動では、「どんな英語の学習が、どの程度好きか」を4段階で自己評価したり、英語学習者としてのタイプを自己分析したり、これまでの英語学習への意欲を振り返って、その理由やきっかけを記述したりします。これは生徒が「自分と英語学習」について向き合う機会になります。生徒が記入したシートを回収してチェックすると、予想はしていましたが、生徒の英語学習への苦手意識、嫌悪感、後ろ向きな姿勢が読み取れました。

　　「中1の2学期ころから分からなくなった」
　　「話せないと、なんかやる気なくす」
　　「単語がわからない。文字がわからない。アルファベットがニガテ」
　　「勉強してもまったくわかんないし、何やってるかわかんなくなる」
　　「先生が嫌いだったし、あと面倒だった」

　こんな否定的な態度が強いコメントを前にして、英語科の教員間で話し合いを持ちました。「今まで伝わってこなかった生徒の実態が、はっきりした。現状は現状だから。ここから、どういう授業を展開していくか、お

互いが抱える悩みをシェアしていきましょう」と。それまで、各クラスの生徒への対応はクラス担当が1人で抱え込む状況でしたが、「教科全体で生徒を育てる」意識を共有するきっかけとなりました。

▶2. MLM 活用授業の実践報告
2.1 生徒からのフィードバックを受けて、授業が始まる

「私の英語学習プロフィール」の記述から、アルファベットの文字や、英語の音で、英語学習につまずいている生徒も多いことが分かりました。文字や音の導入について、中学までと同じやり方を繰り返しても、生徒は「やっぱり分からない」と諦めてしまいます。そこで、生徒にアルファベット文字を身近に感じてもらおうと、ちょっとお遊び要素を取り入れた活動をしました。ブロック体の小文字26文字のプリントを生徒に配り、「『直線だけでできている文字』『曲線だけでできている文字』『直線と曲線でできている文字』に分類しよう！」と呼びかけました。最初、生徒は「何をやらせるんだ？」という雰囲気でしたが、カタチを見れば分かる作業は、取り組みやすかったようです。

これはあくまで前段階で、ここからが生徒の課題です。「アルファベットを、自分のやり方で分類しよう」と、生徒一人ひとりに、クラスの前で発表してもらいました。「1階建ての文字（例：a, c, e）／2階建ての文字（例：b, d, f）／地下室がある文字（例：g, j, p）」「大文字と小文字で形が変わる文字／変わらない文字」「間違えやすい文字のペア／確実に書ける文字」など、発表者の分類に合わせて、他の生徒はノートにアルファベットを書き写していきました。ただ書き取り練習をするのではなく、形を意識して書き取りに取り組むことで、クラスの10数名の発表が終わる頃には、「アルファベットが書けない」という生徒の声は少なくなりました。

文字の定着の他に、この活動は、「人前に立って発表する」という経験を生徒に積ませることもねらいとしています。英語が苦手な生徒にとって、授業での発表・コミュニケーション活動は、「うまくできない、失敗すると恥ずかしい」ものとして緊張感を伴います。今回の活動には、正解・不正解がありません。生徒は次々とクラスの前に出て、オリジナリ

ティあふれる発表を楽しんでくれました。「今日はできない」と、順番を飛ばした生徒がいましたが、翌週、その生徒は「週末に街に出かけて見かけた文字／見なかった文字」という発表をしてくれました。

2.2 少し自信をつけたところで、インタラクション活動に取り組む

　文字の導入の活動と、生徒の反応を紹介しました。続いて、英語の音に親しむ活動や、つづりの定着活動についても、MLMからのフィードバックをもとに、生徒のつまずきに配慮した、生徒の反応に寄り添った、スモール・ステップの活動を仕組んでいきました。「英語は、怖いものじゃない」という雰囲気が、生徒の間で見えてくるようになりました。

　年度当初の「私の英語学習プロフィール」では、生徒がペア・グループ活動やスピーチ、プレゼンテーションのような能動的な活動を好まない傾向が見えました。「生徒の英語学習への自信のなさの表われではないか」というのが、英語科での話し合いで出てきた感想でした。授業では、「インタラクション＝自分の考えを表現する。他人の考えに耳を傾ける。いろいろな意見の中から自分の意見を持ち、行動する」ことに多く取り組むことで、生徒に経験と自信を持たせよう、ということになりました。

　最初のインタラクション活動は、Lesson 1「英語で自己紹介」で行いました。教科書本文をもとに、単語を書き込むワークシート（資料3.1）を用意し、一人ひとりにクラスの前で自己紹介を行わせました。高校生活で初めての英語スピーチに、生徒は緊張した様子で、「あ～、終わった、終わった。もうやりたくない」という反応を見せましたが、ここで、もう一歩踏み込んだ活動に取り組みました。生徒の英文自己紹介のプリントを集め、今度は教員がそれを（名前を伏せて）読み上げ、"Who is he/she?"とクラスに問いかけました。生徒は思っていたより人のスピーチを理解していたようで、"He/She is...."の返事がありました。これは、「どうせ自分の英語なんて、伝わりっこない」と考えていた生徒には、相当の驚きと喜びだったようで、それまではよそよそしかったペア・グループ活動にも、クラスメイトのことをもっと知りたいという関心を持って取り組むようになりました。

第3章　生徒のゆるやかな学びの見える化

ID No.　　　　NAME:　　　　　　　　　　

☆　日本文を参考にして、自己紹介の英文を作ろう。

こんにちは。
1. 私の名前は　　　　　　　　　　　　です。
2. 私は　高校生　です。
3. 私は　（場所）　　　　　　　　　　に　住んでいます。
4. 私は　　　　　　　　　　　を　します。　　※スポーツとか楽器とか
5. 私は　　　　　　　　　　　が　好きです。
ありがとう。

☆☆　下線と四角を参考にして、英語の語順にして書いてみよう。

Hello.

1.

2.

3.

4.

5.

Thank you.

☆☆☆　みんなの前で、英語で「自己紹介」をしよう。
　　　（下の自己チェックを参考に、読む練習もしておこう）

☆☆☆☆　「自己紹介」が終わったら・・・自己チェック（5段階で○）
・大きく、はっきりと話せた　　　　　　　　　　　5　4　3　2　1
・ゆっくり、早口にならずに話せた　　　　　　　　5　4　3　2　1
・アイコンタクトが取れた　　　　　　　　　　　　5　4　3　2　1
・（聞き手として）発表者をリスペクトできた　　　5　4　3　2　1

Comment by Teacher:

資料3.1　動詞を使い分けて「英語で自己紹介」

145

実践編

　この活動後の MLM への生徒の振り返りコメントは、以下のようなものでした。

　「きんちょうして上手くできなかった」
　「皆の自己紹介を楽しく聞けました」
　「自己紹介を相手に伝えるのは難しいけど次は言えるようにしたい」
　「しっかりと相手に伝わるように言うことを心がける」
　「英語がわかればいろいろなところでつかえる」
　「次は、ゆっくりと大きな声で発表したい」

年度当初の、英語学習に対する強い否定的なコメントと比べると、活動を通して、自分の課題に気づいたコメントが出てくるようになり、生徒の学習態度に軟化がうかがえました。

2.3 相手を意識した自己表現活動に取り組む

　単元のプロジェクト学習として、次の Lesson 2 では、題材に関連した「英文手紙」の活動に取り組みました。書き込み式のワークシート（資料3.2）を用意し、1～2文は、自分で考えた英文を付け加えるように、生徒を促しました。手紙のあて先は、「会ったことがある」「英語の手紙をもらって喜んでくれる」「返事を送ってくれそうな」人ということで、1クラスは、授業を見学に来てくださった清田洋一先生に、他のクラスは校長先生に決めました。生徒は、これまでに学習した、過去形や進行形の表現を使って、学校生活や授業の様子を、英語でまとめました。活動後のMLM への生徒のコメントは、以下のものでした。

　「手紙を書くのは難しい。英語で手紙を書けるようにがんばりたい」
　「言うのは難しいけど、書くのはなんとか出来そうだ」
　「過去形がまだ分かっていないので、できるようにしたい」
　「進行形は苦手なので分かるようにしたい」

ID No.　　　　NAME:　　　　　　　　　　

　Lesson 2 では、"A Letter to Australia" ということで、英語での手紙の表現について学びました。レッスンの最後に、英語で手紙を書くことに挑戦しようと思います。知っている先生に、英語の授業の様子や、高校生活の様子を知らせましょう。みんなが授業を頑張っている、学校を楽しんでいる様子を知れば、先生方も喜ぶと思うし、きっと、英語の手紙に返事を書いてくれますよ。

下書きは、こんな感じ・・・

Dear _____,
　　How are you? I am _____ . Now I am writing this letter in the class.
We started studying English this April in this school. For me,
English Lessons are _____.
Our English teacher is _____.
My school life is _____.
In junior high school, I _____.
Now I _____.
_____.
Thank you for reading.

　　　　　　　　　　　　　　　　　　　　Please visit our class,
　　　　　　　　　　　　　　　　　　　　　　（自分の名前）

☆　それでは、英語で手紙を書いてみましょう。

A letter to MY teacher from YOUR student

　　　　　　　　　　　　　　　　　　　　　　　　　　　　
　　　　　　　　　　　　　　　　　　　　　　　　　　　　
　　　　　　　　　　　　　　　　　　　　　　　　　　　　
　　　　　　　　　　　　　　　　　　　　　　　　　　　　

We are looking forward to your reply in ENGLISH!

資料 3.2　英語で手紙を書こう！

実践編

　ただ「分からない」と嘆くだけでなく、「何が分からないのか、苦手なのか」が具体的に記述できるようになったり、生徒によっては難しいと思われる課題に対しても、「できるようになりたい（= want to...）」を表現するような変化が見られました。後日、それぞれの先生から英語で手紙の返信をもらい、生徒は、「自分が書いた英語が伝わって、反応がもらえる」という手応えを実感し、喜んでいる様子でした。

2.4 生徒にちょっと背伸びさせる課題 —— さらなる授業改善に取り組む

　MLM 導入以前、本校で行われていた授業では、生徒の受け身な姿勢を改善することはできませんでした。新出単語の意味を辞書で調べ、本文をノートに書き写し、教員の説明を聞きながら日本語に訳し、文法問題を解くことで基礎基本の定着をねらう、という授業でした。学習が苦手で嫌いな生徒たちに対して、「おとなしく教室に座っていること」を求める授業で、はたして学力の定着はあったのか。定期テストでは、「あれだけ教えた（教わった）のに、理解できていない」と、教員も生徒もため息をつく。つまり、教員の指導に、生徒の学習が伴わない現状がありました。

　授業に MLM を併用するようになって、生徒の学習のつまずきや、活動への振り返りが「見える化」できるようになりました。そのフィードバックが毎日の授業に生かされています。ウォームアップ活動を取り入れることで、まずは生徒をリラックスさせ、あの手この手の音読活動で教室に活発な雰囲気を作り、教科書の内容を生徒がより身近な話題として考えられるような工夫に、各教員が取り組み、意見交換をするようになりました。

　最も大きな改善が見られたのは、「文法・言語活動」でした。MLM には、各単元の「内容理解」「言語材料（文法）」「言語活動」についての達成目標が示されています。各単元の学習に入る前に、生徒と教員で、この達成目標を確認します。教員は「こういうことに取り組むぞ」と宣言し、生徒にしてみれば、ドラマや映画の予告編を見て、興味と関心を抱くような感じです。達成目標には、「○○（文法）を使って、……できる」や、「（場面や状況に合わせて）英語を使って、……できる」という項目が並ん

でいます。文法や題材を、知識の定着のために学ぶというより、それらを使って何ができるか、「行動志向の言語学習」を通して、生徒の英語力の定着をねらっているわけです。

年度当初は、英語への自信のなさの表われか、他者とのコミュニケーションを取ることに緊張感を伴った生徒たちでしたが、「自己紹介」や「英文手紙」といった、スモール・ステップでの表現活動に取り組んでいくことで、少しずつ、「こういうことをやってみたい」「これができるんじゃないか」など、「背伸びを求められる活動」への意欲を示すようになりました。MLMの各単元に「達成目標」の例が示されていますが、実際の授業での活動は、生徒と教員が話し合って決めました。各単元の活動は、以下の通りです。

　　　Lesson 3：感情を込めての英会話
　　　Lesson 4：暗唱にチャレンジ
　　　Lesson 5：プレゼンテーション「外国語学習の意味」
　　　Reading 1：英語の小咄の寸劇
　　　Lesson 6：Show & Tell「自分の宝物」
　　　Lesson 7：ディスカッション「環境問題（ペンギンの保護）」

英語が苦手な生徒にとって、「ちょっと背伸びを求められる活動」に取り組む過程で、MLMへの記述に、さらに変化が見られました。

　　「to＋動詞の原形を使うのができた」（Lesson 4）
　　「英文でどこを言っているか分かるようになった」（Lesson 4）
　　「英文を覚えられなかったのが、悔しかった」（Lesson 4）
　　「外国人とは、いずれ関わりを持ちたいと思う」（Lesson 5）
　　「have＋過去分詞で、昔から今までが表わせる」（Lesson 7）

生徒は、学習を通じて理解し、使えるようになった内容について表現してくれるようになりました。できないことを諦めていた生徒が、「悔しい」

という感情を表してくれるようになりました。中には、「英語を使って何ができるか・何がしたいか」を考える生徒も出てきました。このような記述内容の変化を、本校では「生徒のターニング・ポイント」と呼んでいます。多くの生徒が、「夏休み前〜10月頃」に、「行動志向の言語学習」へのターニング・ポイントを経ることになりました。

　年度末には「これからの課題」として、生徒にMLMを使ってみて、自分の将来の希望と英語学習について気づいたこと、今後やるべき課題について整理してもらいました。生徒の記述には、以下のようなものがありました。

　　「英語の発音をきれいにしたい。英語の意味を分かるようにしたい」
　　「過去分詞を覚える。単語をたくさん覚える。文法を理解する」
　　「単語を覚える。つづりを覚える。思いついたことを、できるかぎり英語で言う」
　　「英語は個人的に、将来必要になるかもしれないし、今後も英語学習は続けていきたい」
　　「英語を学んでおいて損することはないと思うので、理解できることくらいは勉強したい」

　英語学習における具体的な課題を挙げたり、英語学習への自分の取り組みを再確認する記述が多く見られました。本校では「コミュニケーション英語Ⅰ」の上級科目として、選択科目の「コミュニケーション英語Ⅱ」が開講されています。例年は不人気科目なのですが、MLMを使用した初年度の受講生は、例年の2倍、100名以上が受講登録しています。MLMの活用により、生徒が英語学習に対して、目的意識を持ち、意欲も向上した表われであると考えています。

2.5 「自分の木」を描いて、英語学習を自分のキャリアに生かす

　生徒の学習意欲の向上と、生徒が積極的に参加したくなる授業への改善を期待して、ポートフォリオ学習に取り組みました。実践を通して、これ

らについて有効な手応えを確認できました。さらに、高校生向けのポートフォリオ（MLM）のユニークな点は、これを単なる教科学習の枠に留めず、「将来のなりたい自分（キャリア教育）」と関連づけているところです。ここで夏休み前に行った「自分の木」《➡理論編》の取り組みを紹介します。

　この活動では、「英語学習は『なりたい自分』に近づく道筋の１つ」と位置づけています。まず生徒に、自分自身の適性を知るために、「自分の性格」「得意なこと」「好きなこと」を考えてもらいました。自己肯定感が低い生徒の場合、何も書けなかったり、ネガティブな単語が並ぶ場合もあるので、「なるべくプラスの言葉で」「短い言葉で良いから、数多く」「いったん書いたら、消さずに残そう」「自分で分からなかったら、友人やクラスメイトに尋ねてみよう」などと声をかけて回りました。

　第２段階として、今度は「将来なりたいもの」を生徒にイメージさせました。具体的な職業を考えている生徒もいますが、何も思いつかない生徒もいます。そこで、進路（職業）としては、「こういうことをしたい」という行動でもよいことを、また人間として「こんな大人になりたい」という内容でもよいことを付け加えました。「有名人でも身近な人でも、漫画やアニメのキャラクターでも、憧れの人を想像してみよう」という声かけは、生徒には伝わりやすかったようで、人気漫画『ONE PIECE』の主人公ルフィーと書いた生徒は、「別に、海賊王になったり、手足をゴムみたいに伸ばしたいわけじゃなくて、勇気があって、友情に厚く、人から信頼される大人になりたい」と説明してくれました。

　最後に、「将来なりたいものと英語学習を結びつける」活動に取り組みました。生徒には、どんなふうに英語と関わったら、なりたい自分に近づけるかを考えてもらいました。この活動の頃には、英語を使うことを前提とした「行動志向の言語学習」の学習観が、生徒にもある程度根付いており、その結果、「英語を使えることが、自分の可能性を広げてくれる」という視点で、生徒は自分自身の英語学習との関わりを考えてくれました。

　ここまでを準備段階として、いよいよ「自分の木」を描いて、「未来の自分と英語学習」の関連を視覚化する作業に取り組みます。生徒が描く「自分の木」では、３本の大きな幹はそれぞれ「仕事について」「一般的な

人間として」「英語学習について」の、自分の成長の3つの要素を表しています。それぞれの「具体的な目標」について、小さな枝を伸ばして書かせました。目標は、行動があってこそ育つものなので、「木を生い茂らせるためには、根っこから吸い上げる栄養が必要だよね」と声をかけて、「具体的な行動」を根の部分に書かせました。「そうは言っても、実際に行動できるか、不安や心配もあるよね。それは、根っこの周りの石ころに書き込もう」などとやりとりして、それぞれの生徒に「木」を描かせました。具体的に細かく描けた生徒も、あまり描けなかった生徒もいましたが、今後も「自分の木」を描く活動を継続して、「英語学習を、将来の自分に結びつけて考える」意識を持ち続けるように、生徒に訴えかけました。

2.6 定期テストチェックリストで、自律的学習者を育てる

　ポートフォリオ学習のねらいは、生徒を自律的学習者に育てることです。MLMの活用を通して、生徒自身がどの程度「自分で勉強する」という意識で英語学習に取り組むようになったか、「チェックシート」（資料3.3）を用いました。テスト前に、Pre.の部分で「こういう問題を出すから、今、自分がどのくらいできるかを考えて準備しよう」と示し、生徒に☆印を塗りつぶす自己チェックをしてもらいました。テスト実施後は、返却前に、Post.の部分で、実際にテストを受けて、自分が得た手応えを再び☆印で塗りつぶしてもらいました。

　テスト受験者18人の平均点は55.4点、最高点は96点で、不合格点（30点未満）は3人にとどまりました。例年、「テスト対策プリント」と称した問題を配布して準備を促しても、平均点が40点程度で、不合格点が受験者の半数にのぼる状況だったことと比較すると、生徒が自律的にテスト準備に取り組んだことがうかがえます。高得点の生徒は、Post.での自己評価も高く、「やることをやれば、ちゃんと点が取れる」という手応えがあるコメントを残してくれました。逆に、点数が芳しくなかった生徒は、もちろん自己評価も低いのですが、「何がテストに出るか分かっていたのだから、もっと準備しておけばよかった」と悔しさを露わにしてくれました。

第3章　生徒のゆるやかな学びの見える化

```
      ID No.     NAME:              （ゼミ担任：        先生）
```

Pre. 次の項目について「自分がどのくらいできるか」自己チェックしてみよう。

> ★☆☆……何を尋ねられるかは、分かった
> ★★☆……まぁ、答えられるくらいの準備はする
> ★★★……バッチリ、答えられる。自信あり〈☆を塗りつぶそう★〉
>
> Ⅰ　授業の最初のあいさつを理解して答えられる　　　　　　　☆☆☆
> Ⅱ　授業に持ってくるものを英語で答えられる　　　　　　　　☆☆☆
> Ⅲ　月の「英語名」が何月を指すか答えられる　　　　　　　　☆☆☆
> Ⅳ　〈復習〉be 動詞を使い分けを理解して答えられる　　　　　☆☆☆
> Ⅴ　ラーメンの英文を読んで、表現を理解して使える　　　　　☆☆☆
> 　　「不定詞」を理解できる　　　　　　　　　　　　　　　　☆☆☆
> 　　「不定詞」を使って英文が書ける　　　　　　　　　　　　☆☆☆
> Ⅵ　パックンマックンの会話を読んで……
> 　　「外国語学習」について理解して説明できる　　　　　　　☆☆☆
> 　　「動名詞」を理解できる　　　　　　　　　　　　　　　　☆☆☆
> 　　「動名詞」を使って英文が書ける　　　　　　　　　　　　☆☆☆
> 　　会話の中で使われる表現を理解して説明できる　　　　　　☆☆☆

Post. 次の項目について「自分がどのくらいできたか」自己チェックしてみよう。

> ★☆☆……ちゃんと準備しておけば良かったと、後悔している
> ★★☆……何を尋ねられているのかは、分かって答えられた
> ★★★……だいたい答えられた。テスト返却が楽しみだ
>
> Ⅰ　授業の最初のあいさつを理解して答えられた　　　　　　　☆☆☆
> Ⅱ　授業に持ってくるものを英語で答えられた　　　　　　　　☆☆☆
> Ⅲ　月の「英語名」が何月を指すか答えられた　　　　　　　　☆☆☆
> Ⅳ　〈復習〉be 動詞を使い分けを理解して答えられた　　　　　☆☆☆
> Ⅴ　ラーメンの英文を読んで、表現を理解して使えた　　　　　☆☆☆
> 　　「不定詞」を理解できた　　　　　　　　　　　　　　　　☆☆☆
> 　　「不定詞」を使って英文が書けた　　　　　　　　　　　　☆☆☆
> Ⅵ　パックンマックンの会話を読んで……
> 　　「外国語学習」について理解して説明できた　　　　　　　☆☆☆
> 　　「動名詞」を理解できた　　　　　　　　　　　　　　　　☆☆☆
> 　　「動名詞」を使って英文が書けた　　　　　　　　　　　　☆☆☆
> 　　会話の中で使われる表現を理解して説明できた　　　　　　☆☆☆

Any Comments on the Exam:

資料3.3　コミュニケーション英語Ⅰ　後期中間テストチェックリスト

実践編

　これまで、「やればできる（けど、自分はやらないだけ）」と言い訳を考えていたり、「自分はどうせ、やってもできない」と諦めていた生徒たちが、「やったらできた」という経験を実感したり、「やらなきゃできない」という現実を目の当たりにしたことは、彼ら彼女らが「自分自身の学習姿勢と向き合う」機会になりました。MLMでの学習の振り返り活動への継続的取り組みが、この姿勢を促進してくれたのだと考えられます。

▶3. まとめと今後の展望
3.1 実践を通じた生徒と教員の変化

　学習者ポートフォリオ（MLM）を併用する実践の１年間を振り返ります。MLM活用以前、本校では「生徒の学習意欲の向上」が課題でした。従来は、生徒が受け身な姿勢のまま授業が進んでいました。MLMで各単元の達成目標を提示することにより、生徒が積極的・主体的に関わる授業形態へと変化しました。MLMが求める「行動志向の言語学習」という学力観が、生徒にもある程度理解された表われであると考えられます。また、「英語学習の目的意識の明確化」という課題については、MLMの「自分の木」活動が教科学習とキャリア教育を関連づけたことにより、具体的な進路目標に照らし合わせた英語学習に取り組む生徒が増えてきました。

　本校は、英語科全体でMLMに取り組みました。MLM活用以前は、授業の組み立てや、授業のペースに遅れがちな生徒への対応は、各講座担当者が個別に対応していましたが、MLMで英語学習の目標を生徒も教員も共通認識することで、各単元の達成目標などの「共有」を意識できました。共有というのは、教材の共通化にとどまらず、学力観や生徒を見る視点のような、概念的なものも含みます。日々の職員室では、それぞれの教員がさまざまな事務作業や生徒対応を抱えており、教科担当の教員同士で話し合う機会が少なくなっていく実態があります。MLMを土台とすることで、教科書の題材をもとにした言語活動のアイディア例や、授業における生徒個々の取り組みの変化とそのきっかけなど、英語科の教員同士が「授業・生徒」について話題にする機会が増えました。

3.2 ポートフォリオ学習の可能性

　MLM は、生徒に対しても、教員に対しても、「何のために英語を学ぶか（教えるか）」の動機づけ・意識づけをねらっています。このねらいが、生徒と教員とで共有され、定着するためには、まず教員の側がポートフォリオ学習の意義を理解して取り組まなければなりません。本校でも、MLM 導入時の扱いについては、教員間の温度差がありました。実際に効果（生徒の学習意欲の変化や、授業中の反応）を分かち合うことで、教員間の理解の差が埋まってきたように感じています。とりわけ、生徒の学習意欲に課題があったり、教員間の協力体制・同僚性の向上をめざそうとする学校では、ポートフォリオ学習の取り組みは、「生徒の学習意欲の向上」「授業改善」「教員の同僚性の強化」において、有効な策となる可能性を持っています。

3.3 MLM 実践を通した、教員自身の変化と気づき

　最後に、MLM の取り組みが授業者としてどのような変化を与えられたかを、J-POSTL《➡理論編 p. 52》に照らし合わせて、MLM 使用前と使用後で考察します。

1. 学習者が各自のニーズや興味・関心に合ったタスクや活動を選択するように支援できる。

　それまでの一斉授業では、生徒の反応を探りながら行う状況で、少人数授業とはいえ、生徒一人ひとりに応じるのは、とても厳しいものでした。MLM での振り返りコメントの中で、生徒の「こういう活動がしたい」や「この項目の理解が難しかった」などの反応が書かれるようになり、より個々のニーズに合わせた「ちょっと上のタスク」を提示できるようになりました。

2. 学習者が自分の学習過程や学習成果を自己評価できるように支援できる。

　以前から、他教科の授業での取り組みを参考にして「振り返り・気づきシート」を活用することはありましたが、MLM の活用により、さらに体

系的・継続的に取り組めるようになりました。MLM は冊子形式になっているので、それまでの自己評価の履歴を、生徒も教員もいっしょに見られるのも、学習のあり方を軌道修正していくために役に立ちました。

3. 学習者が自分で目標や学習計画を立てる手助けや指導ができる。

　学習の目的意識がもともと希薄だった生徒にとっては、個々の目標を具体化するのは難しいようでした。MLM の各単元で提示される達成目標は、生徒が目標を持ったり、その目標達成に向けた計画を立てる助けにはなりましたが、その上をめざして主体的な取り組みに発展させるためには、さらなる工夫が必要だと感じました。

4. 学習者が自分の知識や能力を振り返るために役立つような様々な活動を設定できる。

　MLM の活用は大いに役立ちました。特に、最初は「英語は難しい。ばくぜんと分からない。だから、何も自分はやらない、できない」というコメントが目立った中、MLM で活動の振り返りを進めていくと、「何が分かるようになったか（逆に、何はまだ分からないか）」「何ができるようになったか」「英語を使って何がしたいか」の記述が増えていきました。これは、MLM がめざす「行動志向の言語学習」の意義が、生徒にも十分に伝わった成果でした。

5. 学習者が自分の学習過程や学習スタイルを認識し振り返るために役立つ様々な活動を設定できる。

　この項目でも MLM 活用の効果が見られました。生徒のニーズに合わせて、「ちょっと上のタスク」を授業に組み込むことで、生徒は課題達成のために「自分はどうしたらよいのか」を考えるようになりました。それが、MLM の「達成目標の確認→自己評価と振り返り記述→さらなる課題の発見」というサイクルに合致し、生徒の自律的学習の促進と、教員自身の、生徒のニーズに合わせた授業改善に大きく役立ちました。

6. 学習者が自分の学習ストラテジーや学習スキルを向上させるのに役立つような様々な活動を設定できる。

　上述のように、生徒の学習意欲の向上と目的意識の教科には効果が見られましたが、パフォーマンスを支える知識の定着に対して、生徒の主体的・自律的な学習を促すには、十分な反応は得られていません。この点について、今後のさらなる授業改善が求められると感じました。

　ポートフォリオの活用によって、教師自身も成長のための省察の機会が与えられました。自分自身の授業力の向上に手応えを感じ、同時に、課題が具体的かつ明確になったことは、今後の授業改善のあり方・教師としての成長のあり方についても、大いに役立つ実践の機会になりました。

第4章 授業を大胆に再構成
川口市立県陽高等学校での実践

鶴田京子

＃自分の教師経験
- 経験した校種：公立高等学校普通科3校
- 教職年数：17年

＃実践校の実態
- クラスの人数：1学年4クラス（平均40人クラス）
- 英語学習の時間数：1、2年生一週5時間　3年生一週4時間
- 進路多様校。
- 生徒の英語力と英語学習への意欲に開きがある。

＃MLM導入のねらい
- 授業の全体構成の改善。
- 教科書の難易度の変更による授業内容の多面化。

＃MLM実践の結果
- 自分の木の記入を意識づけることへの苦戦。
- 授業を活動中心の展開に改善。
- 教科書の内容から発展的な活動事例。

＃今後の課題
- MLMの振り返りの工夫の必要性。
- 教師のMLMへの介入の度合い。

▶ 1. 学校の実態

　本校は都内からほど近い共学の市立高校で、埼玉県内の高校にしてはめずらしく1学年4クラスの規模の小さい学校です。進路多様校で、約50%が4年制大学、約30%が専門学校、約20%が短期大学へ進学をします。残り約1%が公務員・民間へ就職をしています。進学者は推薦・AO入試を利用する生徒が大半を占めており、一般受験をする生徒は10人程度です（平成30年に川口市の市立高校3校が合併して川口市立高校が開校し、大規模校となります）。

　現在、本校では6つの重点的な指導の方策に取り組んでいます。そのうちの2つ、『実践的な英語指導』と『検定試験』は、英語教育に直接関係しています。

　1つ目の『実践的な英語指導』に関しては、ALTが週4日常駐しており、3年生の選択科目の英語会話と各学年のコミュニケーション英語の授業に参加して指導補助を行ってくれています。またLL教室が設置されており、デジタル教科書を使っての授業や録音テスト、日常の授業における音声指導などに活用されています。

　2つ目の『検定試験』に関しては、英語科主体で1、2年生全員が、1年に1回、実用英語技能検定を受験しています。入学時には3級の取得率が10%程度だったものが、1年修了時には50%ほどになります。2年修了時までには、70%弱にまでのぼります。全体受検をきっかけに資格取得に興味や自信を持ち、高校卒業時までに2級を取得する生徒もいます。本校の目標は卒業時までに2級取得としているのですが、2級を取得できる生徒は少数です。しかしながら、この方策を知って本校を志願した生徒もいるため、英語が好きで話せるようになりたいという意欲を持った生徒が一定数います。

　全体の傾向として、好きなこと以外には継続的に努力をすることが苦手な生徒が多いです。また、定期考査などの短期の目標に対しては勉強することができるのですが、将来を見据えた長期的な学習目標を持つことが難しく、家庭学習が習慣化されていません。そのため以前に学習したことの定着率が低く、発展的な学習活動を行おうとする際に、以前に行った学習

内容の復習を最初に行う必要が出てきてしまいます。その結果、目的としている活動にいきつくまでに時間がかかってしまい、活動が限定されてしまいます。さらにこの傾向は、英検等の資格の取得率にも影響を与えています。先ほど挙げた初期の学習項目の定着率の低さから、知識にむらがあるため上の級に挑戦しても合格できない生徒や、長期的に努力を続けることに困難を感じて初めから諦めてしまう生徒が少なくありません。目標を持ち続ける力の弱さが本校の課題となっています。

▶2. MLM 導入のねらい

　本校はコミュニケーション英語Ⅰが5単位設定されています。運営上、担当者を2人で分け、3単位は主に教科書の本文を扱い、残り2単位は文法中心に指導を行っています。赴任して1年目は2年生の総合的な学習の時間、3年生の選択科目以外に、コミュニケーション英語Ⅰの文法中心の授業を3クラス担当し、1クラスだけ教科書の本文を扱うクラスをティームティーチングで担当しました。教科書の本文を扱うクラスでは授業の補助をしながら、文法の授業で生徒に指導が必要な点を把握する役割をしていました。その当時使用していた教科書は本校の生徒には難易度が高く、本文の内容理解だけで授業時間が終わってしまい、その他の活動ができていませんでした。そこで、翌年の1年生から教科書を変えて難易度を下げ、4技能の活用を意識した授業を展開することを提案しました。幸運なことに小規模校であるため1人で全クラスを担当することができ、また私が1年生を担当することがほぼ決定していたため、教科内の同意を比較的容易に得ることができました。教科内では認められたものの、どのように授業を展開していくのか考えていた時に、木内美穂先生《➡「実践編」第2章》の MLM を利用した授業の実践を知り、授業設計の指針としてポートフォリオを利用した授業を行うことにしました。ポートフォリオを使用することで、教師は教科書をもとにしたさまざまな課題の設定がしやすくなり、学習者も自分が学習した内容を振り返りやすくなるのではないかと考えました。

▶3. MLM 導入の結果

3.1 「自分の木」活動（1 年生）

　私が一番苦労したことは「自分の木」の活動でした。木内先生の取り組みでは、「自分の木」の活動が生徒の意識を高めるために非常によかったと研究会で発表されていたのですが、いざ本校の生徒に書かせてみると、まったく筆が進まない生徒が続出しました。声をかけてみると、どのように目標設定をしてよいのか分からない生徒や、進路や英語に対してまったく考えを持っていない生徒がいることが分かりました。また、目標を立ててもできなかったら困るから書きたくないといったものや、自分の気持ちを書くことが恥ずかしいという理由など、さまざまな感情が入り交じり、全員にしっかりとした目標設定をさせることができずに授業をスタートすることになってしまいました。

3.2 授業構成の変化

　一番大きく変わったのが授業の構成です。MLM をどのように本校で活用するか考えた時に、MLM に書かれている各単元の学習活動の目標が目にとどまりました。学習活動の目標が具体的に設定されているため、それをもとに授業を構成することで、生徒たちが学習したことを振り返りやすくなるのではないかと考えました。そこで学習活動の目標を大きく以下の 3 つに分類して授業構成を考えていくことにしました。

　　（1）内容理解
　　（2）文法項目や語句の活用
　　（3）内容や表現を用いた活動

　（1）、（2）は教科書の内容に関するワークシートを作成して授業を展開しました。ワークシートにはタスクを複数作り、そのタスクが MLM の各レッスンの目標とリンクするようにしました。本校の生徒は 1 つの活動が長時間続くと飽きてしまう傾向があるため、1 つの学習項目に対して、短い異なるタスクを複数回重ねることで、定着するように工夫をしました。例えば、内容理解に関しては正誤問題、Q＆A、本文の穴埋めなど、何度も本文を繰り返し読む活動を入れました。それぞれのタスクの問題量

実践編

は少ないのですが、質問するポイントを変えていくことで、最終的には全体の内容を理解することができるように工夫をしました。これによってテンポよく授業が展開できるようになりました（資料 4.1）。

Communication English IA　No.18　Lesson 7-1　Class　No.　Name

Aims：コウテイペンギンの生態を理解しよう。

Task 1　Listening　－Write T or F
　　1 (　　) 2 (　　) 3 (　　) 4 (　　)

～Task 2 略～

Task 3　Reading　T or F
　　　　　　　　　　　　　　　　　　　　　　　T or F　page & line
1. The males look for the food for their babies
　while the female are taking care of their eggs.　(　) (　　)
2. Emperor penguins raise their babies about three months.　(　) (　　)

Task 4　Fill in the blanks

[Where?]

Look at this picture. Some emperor penguins are walking slowly (　　)(　　).

=(　　)　[How?]　[think の過去分詞]

They look (　　), but have you ever (　　) about their lives?

[Where?]　　　　　=(　　)

Emperor penguins live in the (　　). They face great hardships as they raise

[What?]　　=(　　)

their babies. After the females lay their (　　), they go to the sea and look for

[What?]　[Who?]　[How long?]

(　　). The (　　) take care of the eggs for (　　)(　　)(　　) without eating.

Task 5　Q&A

1. Where do emperor penguins live?
2. When do emperor penguins face great hardships?
3. Which do you want to visit warm place or cold place?
　Why?

～以下の Task 略～

資料 4.1　授業プリント

また、(3) の活動として、学期に一度パフォーマンス・テストの実施とアクティブ・ラーニングの手法の1つであるジグソー活動を取り入れました。(3) の活動は教科書の難易度を下げたことにより、特に可能になりました。詳しくは 3.3、3.4 で述べていきます。

3.3 授業内容の変化——パフォーマンス・テストの実施

　教科書の難易度を下げた結果、授業内でさまざまな活動が可能となりました。大きな変化の1つが、パフォーマンス・テストの導入です。4技能を使った授業を行う際、スピーキング活動は導入に非常に時間がかかり、また生徒同士がペアで練習する時に恥ずかしがって活動を行わないという問題がありました。そこでパフォーマンス・テストを通じて、スピーキングの向上という長期の目標を立て、日常のスピーキング活動に意味を持たせることにしました。そして、授業の帯活動として、毎時間5分から10分程度、スピーキング活動の時間を継続的に取るようにしました。MLMの中の各レッスンにもスピーキングの目標が書かれており、レッスンの最後に振り返ることができるため、課題を明確にすることができました。1年生では以下のパフォーマンス・テストを実施しました。

　1年の1学期は木内先生の例を参考にテストを行いました。ここでの目標は、1学期の授業の最初に練習してきた『あいづちの定着』、『基本的な質問』、『その答え方』です。あいづちのワークシートは以前参加した亀谷みゆき先生（岐阜県、当時）の発表からアイディアをいただいて作成し、帯活動で練習を行いました。

　『基本的な質問』は、各レッスンのワークシートの Q&A、3問のうちの1問を個人の考えを答える質問にして準備をさせ、授業内に練習を行いました。これにより MLM の各レッスンの lesson goal の表現活動に対する自己評価が可能になりました。

　1学期のパフォーマンス・テストは初めてということもあり、座席の隣同士で2人1組のペアをあらかじめ決めておきました。質問は5つ用意し、紙に書いて裏返しておきます。ペアの1人は質問カードを引いて、その質問について答えます。次に同じ質問を相手に聞き返します。この場

合は "How about you?" と学習した表現を使うように指示をしました。1ペアの持ち時間を決め、持ち時間が終わるまでカードを引き続け、会話を続けられるようにしました。

　2学期は難易度を少し上げ、ペアをくじで決めるようにしました。より現実の会話に近づけたいと思った一方で心配になったのが、クラス内であまり接点のない生徒同士がペアになった時のことでした。そこで、会話する内容を2段階に分けることにしました。Part 1は、自分で答えを用意しておけば相手が誰であっても答えられる質問にしました。これは1学期からの流れを踏襲し、ワークシートのQ＆Aから出題しました。Part 2では、まずYes/Noで答えられる質問を5つ（例：Do you have any plan this week-end?）用意しておき、そのうちの1つを引いて会話のきっかけとします。その答えに応じて自分で考えたWHの質問をし、相手に答えてもらい会話を続けます。これはつまずくと沈黙だけが続いてしまう可能性があったため、最終的な制限時間を設け、時間が来たら会話を終了することにしました。

　3学期はさらに難易度を上げ、質問カードではなくてテーマカードを4種類用意しました。テーマはfood、hobbyといった会話を広げやすいものを選びました。テストではペアでそれぞれ1枚ずつテーマカードを引けるようにし、制限時間を設け会話を続けてもらいました。質問をあらかじめ用意しておくことはできますが、相手がどんな質問をするか分からないため、相手の質問をよく聞く必要が出てきます。

　1年間継続的にスピーキング活動とテストを実施してきたことで、英語で話すことに少しずつ抵抗感がなくなり、次に記述するアクティブ・ラーニングにも積極的に取り組めるようになりました。

3.4　授業内容の変化 ── アクティブ・ラーニングの導入

　埼玉県は、東京大学の大学発教育支援コンソーシアム推進機構（CoREF: コレフ）と連携して「未来を拓く『学び』プロジェクト」事業を行っています。本校は平成27年度から事業の指定を受けていて、『知識構成型ジグソー法』を用いた協調学習を実践することになりました。協調学習は

レッスンのプロジェクト学習への応用が可能で、教科書の内容をさらに深く学習することが可能となりました。

まずここで『知識構成型ジグソー法』の展開方法について説明します。

STEP.0　問いを設定する

まず先生は、単元での「問い（課題）」を設定します。この時、すでに知っていることや、3つか4つの知識を部品として組み合わせることで解けるものになるように設定し、その問いを解くのに必要な資料を、知識のパートごとに準備します。

STEP.1　自分のわかっていることを意識化する

「問い」を受け取ったら、始めに一人で今思いつく答えを書いておきます。

STEP.2　エキスパート活動で専門家になる

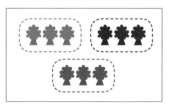

同じ資料を読み合うグループを作り、その資料に書かれた内容や意味を話し合い、グループで理解を深めます。この活動をエキスパート活動と呼びます。担当する資料にちょっと詳しくなります。

STEP.3　ジグソー活動で交換・統合する

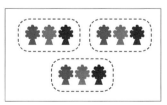

次に、違う資料を読んだ人が一人ずついる新しいグループに組み替え、さきほどのエキスパート活動で分かってきた内容を説明し合います。このグループでは、元の資料を知っているのは自分一人なの

実践編

で、自分の言葉で自分の考えが伝わるように説明することになります。この活動が、自分の理解状況を内省したり、新たな疑問を持つ活動につながります。同時に他のメンバーから他の資料についての説明を聞き、自分が担当した資料との関連を考える中で、理解を深めていきます。理解が深まったところで、それぞれのパートの知識を組み合わせ、問いへの答えを作ります。

STEP.4　クロストークで発表し、表現をみつける

答えが出たら、その根拠も合わせてクラスで発表します。他者の意見に耳を傾けて、自分たちも全体への発表という形で表現をし直します。各グループから出てくる答えは同じでも根拠の説明は少しずつ違うでしょう。互いの答えと根拠を検討し、その違いを通して、一人ひとりが自分なりのまとめ方を吟味するチャンスが得られ、一人ひとりが納得する過程が生まれます。

STEP.5　一人に戻る

始めに立てられた問いに再び向き合い、最後は一人で問いに対する答えを記述してみます。

（大学発教育支援コンソーシアム推進機構 Web サイト
<http://coref.u-tokyo.ac.jp/archives/5515> より）

　この手法を、教科書 Lesson 7 の環境問題で取り扱うことにしました。従来通りレッスン本文の内容理解をして、環境に関する基本的な知識を学習したのち、その内容をさらに深めるための活動として『知識構成型ジグソー法』を実施しました。MLM で Lesson 7 の目標は表 4.1 のようになっています。

表 4.1　Lesson 7 の達成目標

単元：Lesson 7 題材：ペンギンの困難な状況と環境問題	
達成目標（内容理解、言語材料、言語活動）	自己評価
教科書で学んだコウテイペンギンやその状況に関する単語や表現を理解し、活用することができる。	☆☆☆
教科書のコウテイペンギンの状況とその環境の問題に関する内容を正確に読み取り、読んで相手に伝えることができる。	☆☆☆
現在完了形を使って自分のこれまで経験したことについて述べることができる。	☆☆☆
環境問題について自分の意見を述べることができる。	☆☆☆
絶滅の危機にある動物や自然を救うためにできることを提案できる。	☆☆☆
クラスメイトの提案に対して賛成、反対など感想を述べることができる。	☆☆☆
追加	☆☆☆

　表 4.1 にある「提案に対して賛成、反対など感想を述べる」を目標とし、「日本のスーパーでレジ袋を有料化すべきである」をテーマに賛成、反対を考えさせました。そして、有料化している国や地域3ヵ所（A：ハワイ　B：アイルランド　C：タンザニア）の事例とその理由をもとにしてエキスパート活動を行いました（資料4.2）。その後、ジグソー活動でA〜Cの情報を共有し、グループ内でテーマの賛否をまとめました。最後にグループで話し合った内容をもとに個人の意見を書き、終わりにしました。

写真 4.1　ジグソー活動の様子

Expert A　　　　　　　　Class　　No.　　Name

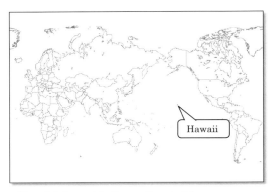

Hawaii is located in the southeast of Japan.

1. Hawaii state government banned to give free plastic bags from July 2015. At the supermarket, people use recyclable paper bags.(*1)　A few supermarkets sell the compostable plastic bags.

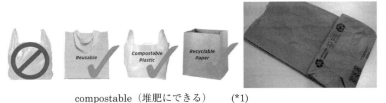

compostable（堆肥にできる）　　　(*1)

2. There are two main reasons the government decided to ban plastic bags.
(1) Plastic bags do not biodegrade.　Once they are thrown away in the sea, they float forever and soil the sea.　(* biodegrade 微生物によって分解される)
(2) Sea turtles and other marine creatures eat plastic bags by mistake.　They think them as jelly fish. The plastic stay in their stomach and causes death.
(*creatures 生き物　jelly fish クラゲ)

資料 4.2　エキスパート活動ワークシート（ハワイ）

この活動を通して、レッスンで学習した内容（Lesson 7 では環境）についてさらに深く考えることができました。まず生徒は各国がレジ袋を有料化した背景を学びました。その後、各国の状況が日本に当てはめられるか考え、話し合いを進めます。そこですべての状況が日本のレジ袋有料化に直結する理由にならないことに気づきます。環境問題を一般論で表面的に学習するのではなく、いくつかの視点から深く学習できることが、この協調学習の大きな意義であると考えています（資料 4.3）。

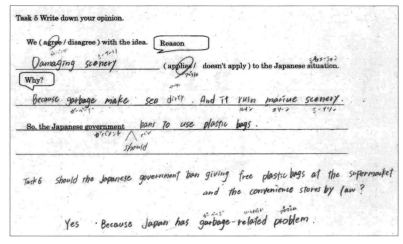

資料 4.3　ジグソー活動後の生徒の意見

また、それぞれの活動では英語をできるだけ使うように指示をしていたため、自分の言いたいことがうまく伝わらない時には簡単な英語に言い換えて伝えようとするなど、コミュニケーション活動の活性化も見られました。グループ内で英語を使ってみようとする姿勢は、3.3 で述べた帯活動が生かされたとも考えられます。

3.5　生徒と MLM（1 年生）

1 年生の初めの導入で悩んだことが MLM の管理の方法でした。他教科

の先生方との間でもよく話題になることの1つに、ワークシートや教科書類の管理の不得手さがありました。そこで各レッスンが終わるとMLMを配布して記入させ、回収するという方法を採ることにしました。また、毎学期の始めと終わりにそれぞれ4技能に対する振り返りと、「自分の木」の振り返りと、新たな目標の設定を行いました。1年生の終わりに実施したアンケートによると、「配られたらなんとなく記入をしていた」や「書いても書かなくてあまり使わないので必要がない気がした」といった感想があり、MLMの印象がとても薄くなってしまっていると感じました。日常の取り扱いに工夫が必要であると感じ、1年生を終えました。

3.6 「自分の木」活動（2年生）

　1年生の時に「自分の木」活動がうまくいかなかったことを反省し、2年生では、1年生の時よりも「自分の木」を書く時間をしっかりと取るようにし、目標を立てる理由についても最初に時間をかけて説明をしました。

　本校で実施していた進路学習ともリンクさせることで、目標を書くことができる生徒が増えてきました。2年生になって進路を意識し始めた生徒が増えたことも、「自分の木」の充実に影響を与えたと考えられます。

　各学期末に実施している振り返りの時には、「できたことには実をつけてみよう」と指示を出し、さらに新たな目標設定をするように声をかけました。実をつけることでできたことを認識し、それが自信につながってさらなる目標を立てようとする姿が見られるようになりました。中には自分の進路に不安や悩み、迷いを感じている記述もあり、自分の成長の記録として活用できるようになってきました（資料4.4）。

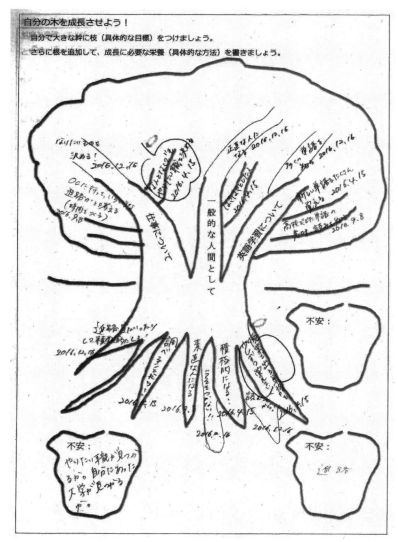

資料 4.4　自分の木

3.7　授業内容の変化 —— 協同学習の増加

　１年生で実施したジグソー活動や帯活動から、グループによる活動が本

校の生徒の学習スタイルとして向いていると感じました。そこで1年生の時とほぼ同じ形式のワークシートを使いながらグループでの活動を増やし、意見を交換しながら本文の内容理解を深める活動を行うことにしました。ペアワーク、3人グループや4人のグループでの活動に加え、1人で考えた後にペアで内容を共有する活動など、タスクによって変化をつけるようにしました。各レッスンの振り返りでは、「グループワークでよく内容を理解できた」、「積極的に授業に参加できた」という前向きなコメントも多く書かれており、この授業形態の導入に一定の成果を感じることができました。

3.8 生徒とMLM（2年生）

　1年生の時の生徒の様子やコメントを受けて、2年生ではMLMの管理方法を少し変えることにしました。教師が回収するのは各レッスン終了後に振り返りを記入した時のみで、あとは生徒が常に持っているようにし、気がついた時に振り返ることができるようにしました。また、MLMにペアワークの評価表などのワークシートを貼らせる機会を多く設け、振り返りの時間以外の授業でも、MLMのページを開く時間を作り、貼る作業をしながら自然とポートフォリオが印象に残る作業を増やしました。その結果、以前は各レッスンの振り返りを書くことそのものを面倒臭がっていた生徒が、少しずつですが振り返りを意識するようになりました。

▶4. 教師としての自分の変化／気づき

　J-POSTL《➡理論編 p. 52》の「学習者の自律」の項目で、1年の振り返りをしてみました。

1. 学習者が各自のニーズや興味・関心に合ったタスクや活動を選択するように支援できる。

　1年を通して一番変わったのがこの項目です。ポートフォリオで自己評価の観点が示されているため、その目標に向けてどのような活動を行うと本校の生徒が目標を達成できるか、生徒の実態に合った取り組みを考える

ことができました。

2. 学習者が自分の学習過程や学習成果を自己評価できるように支援できる。

　この項目に関しては、もっと工夫の余地があると考えています。教師の中で、活動に対してこの評価をと思っていても、それが生徒にうまく伝わっておらず、ポートフォリオに反映されていないと感じることがよくありました。

3. 学習者が自分で目標や学習計画を立てる手助けや指導ができる。

　これは「自分の木」や学期ごとに各技能の振り返りを授業内に行うことで、目標を定期的に設定する機会を設けることができました。しかし、学習者が自ら学習計画を立てられるようになるには、さらなる支援が必要であると感じています。

4. 学習者が自分の知識や能力を振り返るために役立つような様々な活動を設定できる。

　今まで実施されていた定期考査以外に、パフォーマンス・テストを実施したり、ジグソー活動などの協同学習をすることによって、違った観点から振り返る機会を与えることができました。

5. 学習者が自分の学習過程や学習スタイルを認識し振り返るために役立つ様々な活動を設定できる。

　これは1年生から2年生の時にMLMの導入方法や振り返りの方法を変え、この項目の評価は上げることができました。さらに、ポートフォリオが目に触れる機会を多く作っていく方法を工夫していきたいです。

6. 学習者が自分の学習ストラテジーや学習スキルを向上させるのに役立つような様々な活動を設定できる。

　これは最終的に、学習者が自分のニーズや興味・関心に合ったタスクや活動をのちの言語学習で選択できるように、複数の観点から授業を構成す

るようになりました。活動内容も単語のペアの音読練習のような非常に簡単なものから、プロジェクト学習まで多岐にわたる活動を展開できるようになりました。

▶5. 課題

　MLM の活用によって、私の授業構成を大きく変化させることができ、生徒のポートフォリオのフィードバックから一定の効果を感じています。4. の最後でも述べましたが、生徒が授業の内容を上手に振り返ることができなかった点が今後の大きな課題です。例えば、レッスンの途中で行った活動に関して、生徒の考えを MLM から読み取れないことがよくありました。これは直前にやった内容の印象だけが残っていて、その部分だけを振り返ってしまい、レッスン全体のコメントを得られないことが原因です。振り返りのタイミングは今後検討が必要です。

　また、教員のポートフォリオの介入の度合いも今後の課題です。現在、主にワークシートを使用して授業を行っているため、こちらが誘導をしないと、MLM を振り返る機会は生徒自身がよほど意識しない限りありません。かと言って、レッスン終了後にこちらが実施した内容を話しすぎてしまうと、生徒自身による振り返りにはなっていないような気もしています。生徒にとってより意味のある振り返りの方法を今後も考えていきたいです。

　この 2 年間は、教科書に準拠したポートフォリオをもとに授業を構成してきましたが、本校の生徒の実態に合った +α の目標の設定をもっと積極的に行い、生徒がより活用できるポートフォリオにしていくことが必要であると感じています。これからも研究し、振り返りながら活用を考えていきたいです。

教師の自己成長のためのツール
筑波大学附属坂戸高等学校での実践

第5章

福田美紀

自分の教師経験
- 経験した校種：高等学校（総合学科）
- 教職年数：2 年

実践校の実態
- 総合学科の進路多様校で、1 学年 4 クラス（平均 40 人クラス）。
- スーパーグローバルハイスクール（SGH）指定校・国際バカロレア（IB）認定校。
- 生徒の英語力と英語学習への意欲は生徒間で大きな差があるが、2 年次以降に英検 2 級以上に合格する生徒も多数出るようになった。

MLM 導入のねらい
- 多様な生徒が個々に英語学習の動機を持てるようになることを期待した。
- 生徒主体の授業に転換できることを期待した。

MLM 実践の結果
- 英語学習の主体性、英語学習にポジティブな変化が見られた。
- 生徒の学習意欲やつまずきの実態を把握でき、授業改善につながった。

今後の課題
- Writing および Speaking 活動、ポートフォリオそのものの評価が難しい。
- MLM と CLIL、グローバル教育、国際バカロレア（IB）との融合。

▶1. 学校の実態

　本校は、1994年に全国で初めて総合学科を開設した高等学校です。本校の生徒は、2年次以降に「生物資源・環境科学科目群」「工学システム・情報科学科目群」「生活・人間科学科目群」「人文社会・コミュニケーション科目群」のいずれかに所属し、科目群により指定された選択必修科目および自由選択科目を履修します。

　2014年度から5年間、SGH（スーパーグローバルハイスクール）に指定されています。インドネシアでのフィールドワークや、タイ、フィリピン等ASEANの各国から高校生を迎えて国際シンポジウムを共同開催するなど、国際交流や国際連携教育に取り組んでいる学校です。また、2015年より「SG（スーパーグローバル）クラス」を設置し、外国にルーツを持つ生徒や、帰国生、海外研修・課題研究などの活動に積極的に参加したいといった生徒を募集しています。高校1年生の2学期の時点で英検準2級取得者が約50%、英検2級以上取得者が約30%（母語話者レベルの英語力を保持する生徒も在籍）と、同時期に準2級取得者がクラスの約20%である他のクラスに比べ、英語力が比較的高いクラスです。

　このように、国際教育に力を入れている本校ですが、総合学科という性質から、生徒の興味・関心はもちろん、進路も多様です（大学：約60%、短大：約20%、専門学校：約20%、就職：若干名）。進学する者の多くは、推薦・AO入試を利用する生徒が大半で、一般受験をする生徒は毎年10名程度です。英語に対する学習意欲や学力は、かなりのばらつきがあります。専門科目で学んだことを生かし、高校卒業後は就職することを考えている生徒から、難関大学への進学をめざす生徒、将来は海外で仕事をしたいと考える生徒までが同じクラスに混在し、共に学んでいる状況です。英語を苦手としており、中学校の学習内容が定着していない生徒も少なからず在籍しています。さらにはそのように英語に苦手意識を持つ生徒は、3年次では英語科目を1つも履修しないことが多く、高校2年生の後半になる頃には英語学習に対する意欲も低くなってしまいがちです。

　筆者は今年度、1学年のSGクラスと一般クラスの両方で「コミュニケーション英語Ⅰ」を担当しており、両方のクラスでMLMを導入しま

した。本章では、クラスでの実践と、生徒の学びの様子と、自身の教師としての気づきについて記したいと思います。

▶2. MLM 導入のねらい

　MLM の導入のねらいは、大きく分けて 2 つあります。1 つ目に、生徒が主体となる授業を行えるようになりたいと考えたこと、2 つ目に、MLM を活用することで学力・進路などのニーズ、英語学習に対する学習意欲が多様である本校の生徒たちそれぞれに応じた指導を行えるのではないか、と考えたことです。

　まず、1 つ目に MLM を使用することで「生徒主体の授業」が実現できると考えました。教師になって 1 年目の昨年度は、授業をなんとか行うだけで精一杯の日々でした。生徒に考えさせたり、生徒が主体になって活動させたりできるような時間を作ることがうまくできず、どちらかと言うと自分から一方的に発信することが多い、反省点の多い授業でした。2008 年の高等学校新学習指導要領以降、「英語の授業は英語で行う」ことが方針として挙げられています。その実、授業中、英語で話す時間が最も多いのは教師である、というのはよく言われる話ですが、まさにこのような状況だったように思われます。自分が「あれもこれも教えよう」と、授業で話す内容を充実させればさせるほど、生徒は私の授業の「お客さん」化していきました。そのような中で、どうにかして生徒が授業の、英語学習の主体になるような授業ができるようになりたい、と考えていたところで、それを実現できるような MLM に出会い、導入を決意しました。

　2 つ目に、MLM の活用によって、本校の多様な生徒が自分の興味や将来の目標に応じた英語学習ができるようになると考えたからです。日常生活の中で英語に接する機会が多いとは言えない EFL（English as a Foreign Language）環境の日本において、日常生活で英語を使用する機会は少ないため、生徒の英語学習のモチベーションは大学入試に合格することや、資格の取得などであることが考えられます。しかし、本校の場合、それは必ずしも当てはまりません。大学に進学する生徒は、推薦・AO 入試の利用が大半で、入試で英語を使う生徒はあまり多くありません。

また、総合学科という特性から、生徒の興味・関心のある学問分野、学力、英語学習への意欲、進路の希望は多様で、クラスによって、さらにはクラスの中でも大きなギャップが存在します。そのように、多様な生徒が混在する本校の教室で MLM を使用することで、学習者自身が英語学習のニーズと目標を確認することができるのでは、という期待を持ち、導入に至りました。

▶3. MLM 導入の結果

3.1 授業実践前 ──「私の英語学習プロフィール」と「自分の木」活動

まず年度の始めに MLM の「私の英語学習プロフィール」という活動に取り組みました。この活動では、生徒がこれまでの英語学習を振り返り、自身の英語学習の目的と適した学習スタイルについて確認しました。

「英語学習プロフィール」からは、一般クラスの生徒は「中学1年のときの文法からわからなくなってしまったから」「途中でわからないことができて、先生に聞かずにほったらかしてたらわからなくなってしまい、意欲がなくなってしまった」などといったコメントを通して、英語に対して苦手意識を持っていることが見てとれました。

一方 SG クラスの生徒は、「洋楽や映画、すきな YouTuber が海外の人で、頑張って上手に英語を使って話したい目標ができたから」「ドリル等をやるとともに、映画や歌とかで使いまわしとか覚えるタイプ」などといったコメントから見てとれるように、「英語学習が好き」と「好きな英語学習」が自然に結びつけられていることが多かったです。

どちらのクラスでも共通していたのが、好きな英語の勉強方法として「ドラマ」「映画」「インターネット」といった視覚的情報を用いたものを好む生徒が多いということでした。それを意識して、授業では動画やパワーポイントなどを活用することに決めました。

同時に「自分の木」活動にも取り組みました。これは自分の将来やそれに向けた取り組みを考えるものです。生徒のコメントから、一般クラスでは彼らの将来の目標と「英語」にはあまり関わりが見られなかった一方で、SG クラスの生徒の多くが英語学習と大学進学や将来就きたい職業の

方向性とを結びつけて考えていることが明らかになりました。

例えば、「勉強して、海外の大学に行く」「作詞家として英語を用いたものをつくり、海外でも活躍できるようになりたい」「スポーツ選手。英語でインタビューに答えたい！」「外国人と協働して薬の開発」などがありました。

年度始まりにこの活動を行ったことで、いかに生徒が異なる英語学習のスタイルを持ち、進路と英語の関わりについての認識が多様であるかを認識することができました。それと同時に、それほど多様な40名のいるクラスで同じ教科書を用い、唯一のゴールに向かって学習を行うことの難しさを改めて感じました。本校のような進路多様校では、学習者個人のニーズに沿った英語学習が支援されることが望ましく、MLMをうまく生徒の道標として活用できたら、と考えました。

3.2 授業の構成

本校では桐原書店の *WORLD TREK Communication English* シリーズを採択しており、すべてのクラスの授業で使用しています。今年度は、一般クラス・SGクラス共通して表5.1のような流れで授業を行うことにしました。

表5.1 授業の流れ

1. Oral Introduction
2. New Words の確認（Word Explanation）
3. 本文の内容理解／教科書等の確認問題
4. 文法事項の確認
5. Sight Translation
6. Dictogloss または Retelling
7. レッスンの内容や表現を用いた活動（CLIL の枠組みを参考に）
8. 各レッスンの振り返り（MLM に記入）

基本的には扱う内容は共通していますが、前述の「私の英語学習プロフィール」と「自分の木」活動への記入内容を受け、「7. レッスンの内容や表現を用いた活動」では、クラスによって異なる活動に取り組んでい

ます。一般クラスでは、レッスンごとに日常生活や彼らの興味・関心に応じたものを設定し、SG クラスでは、教科書のテーマを生かし、多文化理解の資質を涵養し、また彼らの思考力を伸ばすような言語活動を取り入れることにしました。その際に、内容言語統合型学習（Content and Language Integrated Learning、以下 CLIL）の枠組みを参考に取り組みました。これは、内容と英語をともに学ぶとされる教育方法で、授業において 4 つの C とされる、Content（科目やトピック）、Communication（単語・文法・発音などの言語知識や 4 技能）、Cognition（様々な思考力）、Community ないし Culture（共同学習、異文化理解、地球市民意識）が意識されています。そして、授業は、CLIL 学習の 10 の大原則《➡「理論編」第 5 章参照》に則って構成されるものとなっています。

これを受け、1 つのレッスンの中で CLIL の考え方のいくつかの点に着目しながら、授業内容を変えていきました。特に SG クラスの「レッスンの内容や表現を用いた活動」について、授業内容に変化が見られたため、次項からその実践を中心に述べたいと思います。

3.3 授業内容の変化──CLIL を参考にした活動の導入（1）

CLIL を参考にしながら、Lesson 2 "Owen and Mzee –How a hippo and a tortoise became friends" において取り組んだ「レッスンの内容や表現を用いた活動」を紹介します。

教科書では、アフリカ・ケニアで実際に起きた、カバの Owen とアルダブラゾウガメの Mzee が種の違いを越えて友情関係を築くというストーリーが扱われていました。SG クラスで行ったのは、ベン図を用いて 2 つのものを対比させ、自分と親友の共通する部分と異なる部分を見つけ、比較する表現を用いた文章を書き、英語で他者に紹介するという活動です。これは、MLM の Lesson 2 の目標で設定した Can-do の 1 つである「大切な友人はどのような人か、自分の考えを述べることができる」に対応するものです（資料 5.1）。

単元（Lesson）:2. Owen and Mzee
題材（Topic）：動物（Animal），友情（Friendship）
文法事項（Grammar）：動名詞（-ing form）・不定詞の副詞的用法（to verb）
記入した日（Date）：
自己評価の判断基準：♥♥♥：「ふつうにできる」/ ♥♥♡：「なんとかできる」/ ♥♡♡：「今は難しいので努力したい」

達成目標（内容理解、言語材料、言語活動）	自己評価
動物保護区で置きた出来事について、その推移を読み取ることができる。 (Can understand what happened in the animal sanctuary.)	♡♡♡
本文の要点を聞き取ることができる。 (Can grasp the main idea of the text by listening.)	♡♡♡
グループになってクイズのやり取りをすることができる。 (Can ask questions in English within groups)	♡♡♡
大切な友人はどのような人か、自分の考えを述べることができる。 (Can talk about the qualities that you think are important in a best friend)	♡♡♡
動名詞を活用することができる。 (Can use '-ing' form in the text)	♡♡♡
不定詞を使って行動の目的を表すことができる。 (Can use 'to verb' to show the purpose of the activity)	♡♡♡
追加	♡♡♡

コメント

英語表現、題材、学習などについて気づいたことを書きましょう

この単元で考えたこと、感じたことを自由に英語で書きましょう
（英語で書けない部分は日本語でかまいません）

資料 5.1　MLM「学びの記録」World Trek Ⅰ Lesson 2 版（筆者作成）

　レッスンの大まかな指導の流れは表 5.1 の通りですが、特に CLIL を意識したのは、「3. 本文の内容理解」と、「7. レッスンの内容や表現を用い

た活動」です。

　本文の内容理解を行った後に、理解を深めるために、カバとリクガメについて比較をさせました。その際に、2つのものの Compare（比較）、Contrast（対照）といった関係を明らかにするために、図などを活用して思考スキルの育成や運用を図る、Graphic Organizer（グラフィック・オーガナイザー）のうちの1つ「ベン図」を導入しました。続いて、教科書の内容に加えて、調べ学習を通して出てきた点について共通するもの、異なるものをベン図にまとめていきました。

　この活動では、CLIL の 10 の大原則《➡「理論編」第 5 章参照》のうち、④様々なレベルの思考力（ここでは理解、応用、分析、評価）を活用する、⑦オーセンティック素材（ここでは Web サイト）の使用を奨励する、⑧文字だけでなく、音声、数字、視覚（図版や映像）による情報を与える、を特に意識しています。

　それを踏まえ、レッスンのまとめの表現活動として、今度はベン図を用いて自分と親友の共通する部分と異なる部分を見つけ、比較する表現を用いた文章を書き、ペアで紹介し合う活動を行いました。下記の図 5.1、図 5.2 は、それぞれ生徒が書いたベン図とパラグラフです。

　これは先に挙げた 10 の大原則の 3 つに加え、⑥異文化理解や国際問題の要素を入れる、を意識していました。カバとリクガメという異なる種の動物でも友人になれるという教科書の内容から、人間にも共通する部分も異なる部分もあり、それでも友情関係を築くことができる、ということを認識してもらう意図がありました。この授業後、生徒たちは次のようなコメントを MLM に記していました。

図 5.1　生徒が自身と友人を比較したベン図

第 5 章 教師の自己成長のためのツール

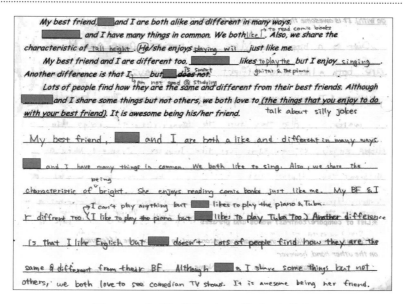

図 5.2　ベン図（図 5.1）に基づいた作文

「Owen と Mzee の友情の話を学んで、他クラスの話したことがない人とも、3 年間で最低 1 回話し、仲良くなりたいと思った」

「人も共生すべき」

「I think that Owen's loneliness is 人間にも言える。いじめとかせず、仲良くなる方法を考えるべきだと思う」

"I was surprising to hippo and tortoise's friendship. I think they can be friends but man people can't be friends to other race. That is problem."（原文ママ）

「友達の大切さを知った。オーウェンとムゼーは動物の種を越えて友だちになれたのだから、人間も肌の色や宗教などで衝突し合うのではなく、お互いを思いやればきっと友だちになれると思う」

このレッスンでの生徒の MLM の振り返りでは、友情や他者（人間、または動物）との共生について書かれているものが多く見られました。英

183

語を用いて将来生徒が何をするか考えた時に想定される、自分とは異なる背景を持つ人とコミュニケーションを取り、協働するということを考えると、教科書の題材を通して、文法などの言語表現はもちろんですが、そういった姿勢を涵養することの大事さを改めて認識しました。そして生徒の振り返りからは、他者との共生について考えを深めた様子がうかがえました。

3.4 授業内容の変化――CLIL を参考にした活動の導入（2）

もう1つの実践を紹介します。ここでは、Lesson 5 "Soccer Uniforms Say a lot about Countries" をベースに、2016年のオリンピックにおけるユニフォームと各国の文化・歴史についてグループで分析・発表させる活動を行いました。このレッスンでは、CLIL の4つの C の観点を意識して授業を組み立てるところから始めました（表5.2）。

表5.2　CLIL「4つのC」を踏まえて構成した Lesson 5

Content （内容）	Communication （学習言語）	Cognition （思考）	Community, Culture （協働・文化）
ユニフォームと各国の文化・歴史	・語彙 (national flag, emblem) ・表現（symbolize, stands for...） ・文法（関係代名詞）	ユニフォームや国旗と各国の文化・歴史・環境との関連性を考える。	リオ・デジャネイロオリンピックにおける代表選手団の着ていたユニフォームのうち1ヵ国を選び、グループで "culture"、"history"、"environment"、"national flag" 等の視点からユニフォームを分析し、その内容を発表する。

授業は下記のような流れで行いました。

(1) 教科書の本文理解・文法事項・表現に関する通常の授業（4時間）
(2) ALT（アメリカ人）によるアメリカのオリンピックユニフォームに関するプレゼンテーションを聞く。
(3) グループごとに選んだ国・ユニフォームについて調べ学習、プレ

ゼンテーションの準備（2時間）
（4）発表・相互評価（1時間）

　まず、普段のように教科書の本文理解・学習言語についての授業を行いました。その上で、教科書内で例として挙げられていた国々のユニフォームが "culture（文化）" "history（歴史）" "environment（環境）" "national flag（国旗）" という観点から分析されていたのを踏まえ、同じ観点で生徒がグループで興味のある国のユニフォームについて分析し、発表できることを目標にしました。この活動では、「理論編」第5章のCLILの10の大原則のうち、①様々なレベルの思考力（ここでは特に分析）を活用する、⑤協働学習（ペアやグループ活動）を重視する、⑥異文化理解や国際問題の要素を入れる、⑦オーセンティック素材の使用を奨励する、の4項目を意識しました。

　さらに、グループワークを始める前に、アメリカ人ALTに自国のユニフォームについて同じ4つの観点から分析、プレゼンテーションを行ってもらいました。これは、10の大原則の⑨内容と言語の両面での足場（学習の手助け）を用意する、を意識したものです。

　生徒のプレゼンテーションは、先ほどの4つの観点（culture, history, environment, national flag）についてA4の紙を使って紙芝居のように行うよう指示しました。当日は、前半グループと後半グループに分け、自分の番でない時は他のグループの発表を聞き、配った評価シート（資料5.2）を持って各グループの発表の評価をする、といった相互評価の形にしました。また、教育実習生も見学・評価に加わりました。図5.3はニュージーランドのラグビーチーム・オールブラックスのユニフォームについてプレゼンテーションをしたグループの資料です。ニュージーランドでは、先住民マオリに由来するシダの葉と、南十字星の組み合わせたデザインの国旗にするか否かで2016年の春に国民投票が行われていたことに触れ、オールブラックスのユニフォームにも同じモチーフが採用されていることを述べていました。ユニフォームについて先の4つの観点から分析し、効果的にプレゼンテーションを行っていました。

実践編

Group Presentation Evaluation

Please evaluate other group's presentation using the guidelines in the chart below:

Category	Exceeds 4	Meets 3	Making Progress 2	Does Not Meet 1
Preparation (準備)	All members prepared and practiced well and speak with confidence.	Some members prepared well and speak with confidence but not all of them.	Most of members didn't prepare enough.	All members did not prepare and practice at all. Presentation lacks confidence.
Organization (構成)	Presentation is visually organized and complete.	Presentation is organized and complete.	Presentation is complete.	Presentation is disorganized or incomplete.
Visual Aids and Creativity (視覚的インパクト・独創性)	Visual aids are well prepared in all of the papers. They are creative.	Some visual aids are prepared. Creativity can be found.	Some visual aids are seen.	No visual aid can be seen.
Delivery* (発表の届け方)	Speakers keep good eye contact, gestures, and clear voice. Fluency good.	Speakers try to keeps eye contact, gestures and clear voice. Fluency Okay.	Speakers try to keeps eye contact, gestures and clear voice but sometimes not enough. Little Fluency.	Speakers do not try to make eye contact, gestures and clear voice. No Fluency.
Contribution (貢献度)	All group members equally speak clearly and are easy to understand.	Most group members speak clearly and are easy to understand.	Some group members speak clearly and but are difficult to understand.	Only 1 or 2 group members speak clearly and but are difficult to understand.
Rules (ルール)	Presentation follows the rules: 3-4 pages, contain analysis.		Presentation follows either rule: 3-4 pages or contained analysis.	Presentation doesn't follow both rules.

- Delivery*（声量、抑揚、アクセント、アイコンタクト、ジェスチャー、流暢さなど）
- confidence（自信）
- disorganized（構成がめちゃくちゃ）
- Fluency（流暢さ）
- analysis（分析）

1-D No. ____ Your Name: _____

資料5.2　グループプレゼンテーション相互評価シート

第 5 章 教師の自己成長のためのツール

図 5.3 生徒の発表資料

この活動に関して、生徒は以下のようなコメントを MLM に記していました。

> 「関係代名詞の復習ができた。グループワークがしっかりでき、ホンジュラスのユニフォームについて調べ協力できた。楽しかった」
> 「自分たちで調べることでより理解できるようになった。発表を英語ですることで、新しい単語や、それの読み方を知ることができてよいと思う」
> 「色々な国に色々な歴史があって、それを象徴する 1 つが国旗であると学べました。2016 リオのユニフォームをオープニングセレモニーでみたときはそこまで意識してなかったです」
> 「ユニフォームも、国ごとに色々と考えてデザインされていて、各国のオリンピックへの熱意やオリンピックの偉大さがわかった。調べて英語で発表することで発表中でもコミュニケーションが大切だと思った」

残念ながら、こちらが意図していた「分析」など、思考力を高めるといった観点について書かれたコメントはあまり見られませんでしたが、グループワークで協力をしたというコメントや、自分たちで調べることを通して理解が深まったというコメントからは、生徒たちが主体的に学ぶことで、教科書に掲載されているものを越えた内容や表現を習得できることが

187

分かりました。

　MLM を用い、CLIL を意識したこれら2つの実践を通して、英語の授業では、教科書の内容・文法事項を教師が「教える」という認識から、教科書を使って何をどのように生徒が身につけるべきか、授業の主体を生徒にして考えるようになったように思います。英語は、他者とコミュニケーションを取り、共に働くためのツールになる言語を教える授業です。教科書の内容を教え込むだけでなく、そのテーマを用いて生徒にどのような、転用可能なスキル（思考力や他者との協働する姿勢など）を身につけさせるべきかを教師が考える機会になりました。MLM や CLIL の枠組みの中には、普段から行っているものもありました。しかし、無意識ではなく、意識的に授業にそれらの考えを組み込もうとすることで、扱う内容や技能のバランスはもちろん、さまざまな観点から自身の授業を振り返り、よりよい授業にしようと考える機会になりました。

3.5 生徒の様子

　MLM を使い始めてまだ半年と不十分かもしれませんが、生徒たちの MLM への記入から検証をしていきたいと思います。

　一般クラスでは多くの生徒が MLM に「わからないこと」、「できなかったこと」を正直に記入してくれています（図 5.4）。

> 「中学校でやった内容だったけど、文法を応用して使うことができなかった」
> 「発音でどこを強調していうかいまいちわからない。英作文が苦手」
> 「三単現の s 忘れ、スペルミスがあったのでしっかり覚えたい」
> 「どういうときに関係代名詞を使うのかわかりません」

　このように、授業で分かりにくかった点を書いてくれることによって、該当の文法事項や表現が再び出てきた時に再度理解しているか、確認することができました。

第 5 章　教師の自己成長のためのツール

単元 (Lesson) : 4. Break Out of Your Shell!	
題材 (Topic) : スポーツ・文化（Sports・Culture）	
文法事項 (Grammar): 不定詞・最上級・比較級	
記入した日 (Date):	
自己評価の判断基準：♥♥♥：「ふつうにできる」／♥♥♡：「なんとかできる」／♥♡♡：「今は難しいので努力したい」	

達成目標（内容理解、言語材料、言語活動）	自己評価
個人の経歴を述べた文章を、時系列にそって読み取ることができる。 (Can read someone's personal experiences)	♥♥♡
本文の要点を聞き取ることができる。(Grasp the main idea of the text by listening)	♥♥♡
将来やってみたいことについて述べることができる。 (Can tell others what you want to do in the future)	♥♡♡
不定詞 to ～（～するための）を活用することができる。 (Can use "to form" in order to express the purpose effectively)	♥♥♡
関係代名詞を活用することができる。(Can use comparative and superlative form)	♥♡♡
追加	♡♡♡

コメント (Comment)

今回のlisten 4 の学習を通じて中学校で学んだ"関係代名詞"をより理解することができました。また、不定詞(to)の活用もできるようになり、祝詞の文法を学ぶなかでどれだけ不定詞が使われている文がいっぱいあるかということが分かりました。これからも様々な英語の文法を学んでいき、自分の力で英作文などをつくれるようになりたいなと今回の授業を通して改めて思いました。

It is important for me to learn English!

I like to use Infinitive.

I want to learn English grammar from now on.
いつも分からないことをすぐに教えてくれてありがとうございます。
また聞きにいきます。☺

図 5.4　MLM「学びの記録」生徒の記入例

　また、MLM は全員が提出するため、質問には来ない生徒に関しても、教師に疑問点や不安を尋ね、相談することが可能になりました。特に、中学校時代、分からなくなった時に教師に聞きにいかずに放置してしまい、つまずいてしまった生徒も少なからずいたことが「私の英語学習プロフィール」から分かっていたので、教師側も MLM を見ることで、どこで生徒の理解が止まってしまっているかを把握することが可能になり、ま

たそれを後の授業で扱い、再度確認することができるようになりました。

「中学で苦手だった関係代名詞を学んだ。高校では中学の苦手を少し克服できたと思うので良かった」といった肯定的なコメントもありますが、まだまだ十分とは言えません。これからもなるべく「わからない」に寄り添って少しでもよい授業になるよう、日々授業の改善に取り組んでいきたいです。

一方、CLIL を意識した授業を行っていた SG クラスのほうでは、内容に関するコメントも多いのですが、加えて、Can-do 形式の各単元の学習目標に応じて自分が使用できるようになった文法事項や表現について振り返りをする生徒が出てきました。

> 「単語や文法など、とても大変でしたが、5 回発音したり、例文を作ってみたりと、自分なりに頑張ってみました」
> 「It 形容詞 for 人 to 動詞の原形を使いこなすことができました」
> 「ing と不定詞の使い分けがばっちりできるようになった。亀とカバについて英語で説明できるようになった」

上記のコメントから、自分自身の言語学習を記録し、学習内容を自分自身で振り返ることができる様子が見られ始めました。生徒たちが自律した学習により一層取り組めるよう、どのようにサポートをすればよいか、引き続き考えていきたいと思っています。

3.6 教師の気づきと指導の変化

MLM を導入したことで、私自身多くのことに気づくことができました。ここでは、言語教師として必要となる授業力に対して理解を深め、自己評価能力を高めるためのツールである『言語教師のポートフォリオ』(J-POSTL)《➡理論編 p. 52》の「Ⅵ 自立学習」の項目を用いながら、自身の気づきと指導の変化について述べたいと思います。表 5.3 は、「Ⅵ 自立学習」内の「A. 学習者の自律」に関する年度当初と、MLM 導入後半年の自己評価です。

表5.3 「学習者の自律」に関する自己評価

	項目	4月	10月
1*	学習者が各自のニーズや興味・関心に合ったタスクや活動を選択するように支援できる。	1.5	3
2*	学習者が自分の学習過程や学習成果を自己評価できるように支援できる。	1	3.5
3	学習者が自分で目標や学習計画を立てる手助けや指導ができる。	1	1.5
4	学習者が自分の知識や能力を振り返るために役立つような様々な活動を設定できる。	1	3
5	学習者が自分の学習過程や学習スタイルを認識し振り返るために役立つ様々な活動を設定できる。	1	3
6	学習者が自分の学習ストラテジーや学習スキルを向上させるのに役立つような様々な活動を設定できる。	1	3

*は養成課程、および初任者の項目

　教師として2年目ということで、4月の時点ではどの項目についてもまったくできている自信がありませんでした。そもそも、そういった項目を意識して授業実践を行えていませんでした。

　MLMを導入し、まず「私の英語学習プロフィール」「自分の木」活動で生徒について多く知ることができました。初任であった昨年度も、生徒の興味に合ったタスクや活動に関しては、なるべくオーセンティックマテリアルを自作するなど工夫していましたが、何より昨年度より本校の生徒の進路や英語学習へのモチベーション、学習スタイル、興味・関心が多様であることを事前に把握することができました。すべてには応えられませんが、授業の構成を考える際になるべく多く参考にしようと心掛けるようになりました。これらが表5.3の項目1・6の自己評価が上がった理由だと考えられます。

　また、生徒がMLMに自身の学びの過程を記入してくれるようになるにつれて、授業で理解しづらかったポイントが明らかとなりました。生徒からのコメントを見るたびに、自身の指導の未熟さを痛感するばかりですが、少なくとも生徒にとって理解が難しかったところを知り、定着率の低い文法事項や表現に再び触れる機会を設けるようになったのは、自分の指

導が変わった点だと思われます。これらの点から項目 2・4・5 の自己評価が変化しました。

次に「D. ポートフォリオ学習」に関して、年度当初と MLM 導入後半年の自己評価をまとめたのが表 5.4 です。ポートフォリオを用いた学習というものを経験したことがなく、まったくできない状態だった 4 月に比べて、幾分か自己評価が変わりました。

昨年度までの、授業をどちらかと言うと「与える」という認識から、生徒にどのような力を身につけさせるか、そのためにどのような活動を授業で行うか、といった、学習者主体で授業を行いたいといった考え方に変化しました。MLM では、各レッスンのゴールとして「このアクティビティ」を通して「このような力を養う」ということを生徒に事前に提示しなければなりません。また、年間の英語の技能の伸びを、Can-do リスト形式で振り返る活動があります。そのため、授業での活動と生徒に身につけさせたい力、Can-do を結びつけて考えられるようになりました。具体的には、表 5.4 の項目 1・2・5 における自己評価の変化につながっており、そしてこれは、ポートフォリオを用いた学習を生徒と共に行ってきたことが大きいと思います。

表 5.4 「ポートフォリオ学習」に関する自己評価

	項目	4月	10月
1	学習者にポートフォリオを利用した学習に取り組ませるための具体的な目標や目的を設定できる。	1	3.5
2	学習者にポートフォリオを利用した学習に取り組ませるための指導計画を立案できる。	1	3
3	学習者にポートフォリオを適切に使えるように指導し、建設的なフィードバックを与えることができる。	1	2
4	妥当で透明性のある基準に基づいてポートフォリオを利用した学習を評価できる。	1	1.5
5	ポートフォリオを利用した学習の成果を自己評価したり、クラスメイトと互いに評価しあうように促すことができる。	1	3

これらに加えて、特に *All Aboard!* シリーズではない検定教科書を使

用している本校での実践の場合、教科書をもとに生徒の実態に合わせて、MLMの項目を作成するという作業を行うことによって、以前に比べ、1年間の英語学習全体を見渡すことができるようになったと考えています。

　MLMを作成するにあたって、年度当初に年間指導計画を設定し、それぞれのレッスンごとにどのような発展活動を行うかを考え、組み立てました。それは自分の英語指導において、4技能の活動の割合について改めて考えることにもつながりました。昨年度も、動画や英文記事といったオーセンティックマテリアルは多く活用していましたが、それらを用いた活動はリスニングやリーディングの側面が強く、生徒が自由にアウトプットを行うライティングやスピーキングの機会は少なかったと感じます。今回、全体の指導計画を考えることで、以前に比べると4技能のバランスを考えて各レッスンのプランを練ることができるようになったと思います。それは、日々の指導で精一杯であった初任者の頃に比べると、少しは成長をしたのではと考えられる点です。

　このように、MLMの作成はさまざまな点で教師としての自分自身の成長につながったように思います。しかし、表5.3の項目3「学習者が自分で目標や学習計画を立てる手助けや指導ができる」のようにほとんど変わっていない部分もあります。生徒には主体的に取り組んでほしいと思うものの、まだ目標はこちらから提示している部分が大きいからです。生徒がポートフォリオ学習にも慣れてきたら、生徒が主体的に彼ら自身の学習目標を考えて設定ができる、そのためのサポートをしていきたいと考えています。

　加えて、表5.4の項目3・4の「学習者にポートフォリオを適切に使えるように指導し、建設的なフィードバックを与えることができる」「妥当で透明性のある基準に基づいてポートフォリオを利用した学習を評価できる」については、まだまだ課題が多いことを認識しています。

▶4. MLMの運用方法と今後の課題

　このように、特に自分自身の成長につながったと確信しているMLMですが、まだまだ課題は多くあります。

1つ目に、生徒の中でのMLMの存在感がこちらの想定よりも小さいのではないか、という点です。導入初年度ということで、授業の実践をしながらMLMの作成を行っていたため、年度当初に間に合わず、これまでレッスンごとにプリントの形で配布をしてきました。筆者の授業では配布プリントが多く、生徒にとってMLMも大量にあるプリントのうちの1つ、という位置づけになってしまっているのではないか、という不安があります。来年度以降の実践では、年度当初に冊子として渡し、生徒が必要に応じて過去の学習について振り返ることができるようにしたいと考えています。

2つ目に、ライティングおよびスピーキング活動の評価・フィードバックです。これは先にまだ課題が残っていると指摘した、表5.4の項目3・4の「学習者にポートフォリオを適切に使えるように指導し、建設的なフィードバックを与えることができる」「妥当で透明性のある基準に基づいてポートフォリオを利用した学習を評価できる」とも関係しています。

MLMの作成・実施を通して改めて4技能の割合を再考したことで、ライティングやスピーキングの活動が増えましたが、40〜45名の授業の中で、どのようにすれば適切に評価ができ、必要なフィードバックを効果的に与えることができるかについて、まだ自分では確立した答えを有していません。現在は、グループ発表などに対し、ルーブリックを活用し、他者評価・教師評価を統合したものを用いていますが、今後もよりよい方法を探し、確立していきたいです。また、ライティングおよびスピーキングの活動単体のみならず、ポートフォリオ全体に対して、どのようにすれば生徒たちのさらなる学習につながる適切なフィードバックを与えることができるのか、また、どのように評価するのかについても研究していきたいと考えています。

最後に、MLMとCLILとの融合の可能性です。CLILとは、現在筆者が担当している、帰国生・英語母語話者も在籍するクラスでは、文法や表現といった言語を教えることだけでなく、思考力や国際理解の姿勢も育む場となることが肝要です。そしてそれは、彼らだけでなく、日本人の生徒にとっても有意義な時間となるはずです。一方で、CLILの成果を測った

り、他者との協働・国際理解の姿勢について評価を行ったりすることは大変難しいと感じています。言語表現については教科書出版会社によるCan-doリストがありますが、思考力と国際理解の姿勢については設定されていません。現在は、グローバル教育の評価枠組み等を参考にしていますが、これからも引き続き研究していきたいと思っています。

　今後、英語の授業において、言語の運用能力の向上を図るだけでなく、扱われる題材をベースに、思考力の向上につながるような活動を入れると共に、異なる背景を持つ他者との協働や、国際理解の姿勢を涵養することが重要になってくると推察されます。

　これまでの英語教育では、教科書にさまざまなテーマの文章が掲載されていたにも関わらず、どちらかと言うと教科書の文法事項や表現を教えることに重きが置かれ、他者との協働や国際理解の姿勢を育むこと、思考力を高めることにはあまり注力されてこなかったのではないでしょうか。

　MLMをはじめとするポートフォリオ学習は、生徒に対しても、教師に対しても「何のために（英語を）学ぶか（教えるか）」という目的を明らかにし、また学習の記録を残し、振り返ることを促します。このような特性を持つMLMを活用しながら、英語の授業を、言語表現を習得するためだけの時間ではなく、他者との協働や国際理解の姿勢の涵養、思考力の向上など、多くの点について生徒の成長を促す時間にできるよう、これからも授業実践に取り組んでいきたいと考えます。

作成編

使用する教材をもとにした作成方法

第1章　英語を学び続ける学習者の育成をめざして

第2章　思考力・国際理解の姿勢を養う授業をめざして

▶ 応用的な作成例について

「実践編」の第1章と第5章の2校では、「開発編」のポートフォリオのフォーマットを参考にして、独自に英語学習ポートフォリオを作成しました。その理由は、第1章の実践校が中学校だったことと、第5章の高校で使用している教科書が「開発編」で使用した検定教科書ではなかったことです。そのため、実践校で使用している教科書をもとに、lesson goal や年間の Can-do リストを作る必要がありました。

2校とも、「理論編」と「開発編」のコンセプトやフォーマットを参考に、各学校での学習者の実態と教材などを考慮して作成しました。本書の読者がそれぞれの学校において、自前のポートフォリオを作成する際に、その作成のノウハウが参考になります。

第1章　英語を学び続ける学習者の育成をめざして
　MLM 導入の前は、中学校での英語学習の学習習慣の定着のために、学習ダイアリーを書かせていましたが、より自立的な学習態度の育成をめざして「英語学習の目的」という視点をめざして、中学版の MLM に取り組みました。

第2章　思考力・国際理解の姿勢を養う授業をめざして
　「グローバル教育」「国際バカロレア」といった学校の独自性を考慮し、MLM の目標に「インタラクション」「国際理解」という視点を追加して、ポートフォリオを設計しました。また、プロジェクト型学習の方法として、CLIL に基づいた活動を実施しました。

　なお、ポートフォリオの名称は、他の実践校にならって My Learning Mate（以下 MLM）としています。

英語を学び続ける学習者の育成をめざして
東京学芸大学附属竹早中学校での MLM 作成例

松津英恵

▶1. MLM の構成

高校生版の MLM にならい、また教科書教材については、勤務校で採用している *NEW HORIZON English Course 2*(東京書籍)に沿って、中学2年生用 MLM を作成しました。構成は以下の通りです。

- 私の英語学習プロフィール
- 英語学習の目標と自己評価
- 未来の自分と英語学習、自分の木、英語学習インタビュー
- 学びの記録
- これからの課題

▶2. MLM および各項目作成における留意点

本校での MLM 作成にあたり、高校生版の MLM をもとにどのように中学生に合わせた形を作成したか、以下項目別に紹介します。

2.1 私の英語学習プロフィール

筆者がこれまで毎年、年度始めに実施してきた生徒への「英語学習についてのアンケート」に、「好きな学習方法」への質問項目を加え、B4 判で1枚半の内容で作成しました(資料1.1)。また担当学年が中学2年生で、英語学習を本格的に始めるようになって学習歴が1年と短く、自分の学習スタイルが確立されていない生徒が多いことも鑑み、今回は高校生版にある「自分の英語学習者のタイプ」についての質問項目を盛り込みませんでした。

作成編

資料 1.1　私の英語学習プロフィール

英語学習に関するふり返りシート

2年＿＿＿組＿＿＿＿番　氏名＿＿＿＿＿＿＿＿＿＿＿＿＿＿

　これからまた1年間、みなさんと一緒に授業をしていくにあたり、みなさんに聞きたいこと、またみなさん自身に考えてほしいことがあるので、次の質問に答えて下さい。書いた内容を他の先生方にはお見せすることはありませんし、もちろん成績にも一切関係ありませんので正直に書いて下さい。

1．今の自分の中で、どの力が強い、またどの力が弱いと思いますか。それぞれ1つずつ選びなさい。同じくらいと思う場合は、「どちらかというとこれ。」というものを選んで、強いと思う順に記号で答えてください。

　　A．聴く力　　　　B．話す力　　　　C．読む力　　　　D．書く力

　　（　　　）→（　　　）→（　　　）→（　　　）

2．どんな英語の学習が、どの程度（5段階）好きですか。☆印を左から塗りつぶしましょう。
　　★★★★　とても好き　　　★★★☆　まあ好き　　　★★☆☆　どちらかというと好き
　　★☆☆☆　嫌いではない　　☆☆☆☆　嫌い

　英文を和訳する　　　　　文法問題を解く　　　　　パソコンで問題を解く
　☆☆☆☆　　　　　　　　☆☆☆☆　　　　　　　　☆☆☆☆

　映画や音楽を使う学習　　リスニング学習　　　　　ペア・グループでの会話活動
　☆☆☆☆　　　　　　　　☆☆☆☆　　　　　　　　☆☆☆☆

　英語のスピーチや発表　　自分で書く自由英作文　　簡単な英語の本を読む
　☆☆☆☆　　　　　　　　☆☆☆☆　　　　　　　　☆☆☆☆

　辞書を使ってわからない単語などを調べる学習
　☆☆☆☆

　その他　（　　　　　　　　　　　　　　　　　　　　　　　　　）

3．今までに英検など、英語の資格試験を受けたことのある人は書いてください。

受けた試験	学年	級・スコアなど

4．昨年度の英語の学習を振り返って、自分で思うことを書いてください。
　（英語について思うこと、英語学習の感想、英語について、など。また「これだけがんばった。」「こんなことをしたかったけどできなかった。」「こういうことをしておけばよかった。」などについても、できるだけたくさん書いてください。)

5．1年生までに、次の文法を授業で勉強しましたが、各項目がどのくらい身についたと思うか、自分でふり返ってみて答えて下さい。

(1) be動詞の現在形("am" "is" "are" など)
　　①大丈夫　　　②大体大丈夫　　　③ときどき復習したい　　　④しっかり復習したい

(2) 名詞の複数形
　　①大丈夫　　　②大体大丈夫　　　③ときどき復習したい　　　④しっかり復習したい

(3) 一般動詞過去形
　　①大丈夫　　　②大体大丈夫　　　③ときどき復習したい　　　④しっかり復習したい

(4) 三人称単数現在の"s"
　　①大丈夫　　　②大体大丈夫　　　③ときどき復習したい　　　④しっかり復習したい

(5) 現在進行形(「～している。」)
　　①大丈夫　　　②大体大丈夫　　　③ときどき復習したい　　　④しっかり復習したい

(6) 命令形(「～しなさい。」)
　　①大丈夫　　　②大体大丈夫　　　③ときどき復習したい　　　④しっかり復習したい

(7) 疑問詞を使った疑問文
　　①大丈夫　　　②大体大丈夫　　　③ときどき復習したい　　　④しっかり復習したい

(8) 一般動詞過去形
　　①大丈夫　　　②大体大丈夫　　　③ときどき復習したい　　　④しっかり復習したい

(9) "a" "the" などの冠詞
　　①大丈夫　　　②大体大丈夫　　　③ときどき復習したい　　　④しっかり復習したい

(10) 助動詞 "can"
　　①大丈夫　　　②大体大丈夫　　　③ときどき復習したい　　　④しっかり復習したい

その他、今年度の「自分の英語学習についての意気込みや目標、およびその目標を達成するために取り組むべき具体的な方法」を自由記述の形で書き出させて、自分の目標を整理し、明確にすることを指導しました。「英検準2級をとりたい」「英語で歌を歌えるようになりたい」などの目標や「基礎英語を毎日聞く」「問題集をやる」などの形で、記述しています。

2.2 英語学習の目標と自己評価

　高校生版のMLMに掲載された「英語学習の目標と自己評価」の形式にならい、また英検で公表されている「Can-doリスト」の英検4〜準2級のものを参考に、右のように作成しました（資料1.2）。本校の生徒間で、英語の習熟度に開きがあり、1年生終了時ですでに英検3級を取得している生徒もそれほど少なくはないため、このような形で幅をもたせた目標設定をしました。評価の時期は、4月、7月、12月、3月の4回で、年度始めと学期末に行い、評価は星の数ではなく、A「ふつうにできる」、B「なんとかできる」、C「今は難しいからこれからがんばる」の3段階としました《➡具体的なコメントは、「実践編」第1章を参照》。

資料1.2 英語学習の目標と自己評価

英語力の伸びを確認しよう　～どれだけできるようになったかな？～

2年（　　）組（　　）番（　　　　　　　　）

　各項目について、A「ふつうにできる」、B「なんとかできる」、C「今は難しいからこれからがんばる」の３段階で評価してみよう。成績にはまったく関係ありません。今の自分ができること、自分がどれだけがんばったのかわかるように、振り返ってみましょう。

			4月	7月	12月	3月
読むこと		簡単な文章（物語や身近なことなどについて）や表示を理解することができる。				
	1	自分に身近なことや家族のことなどについての短い手紙やＥメールを理解できる。				
	2	興味・関心のあること（スポーツや音楽など）についての英文を理解できる。				
	3	短く、簡単な英文（伝記、童話など）を理解することができる。				
	4	公共施設にある簡単な表示を理解できる。				
	5	簡単に書かれた英語の地図を見て、通りや店などを探すことができる。				
	6	イラストや写真、グラフなどの資料がついた簡単な英文（物語や説明文）を読んで理解することができる。				
	7	簡単な英語のメニューを見て、理解することができる。				
	8	パーティの招待状などの内容を理解することができる。				
	9	時刻表を見て、目的地や到着時刻などの情報がわかる。				

			4月	7月	12月	3月
聴くこと		ゆっくり話されれば、身近なことに関する話や指示を理解することができる。				
	1	興味・関心ある話題（趣味、スポーツ・音楽など）に関する話を理解することができる。				
	2	人や物の位置を聞いて、理解することができる。				
	3	日常生活の身近な話題（学校、クラブ活動、週末の話など）に関する話を聞いて、その内容を理解することができる。				
	4	簡単なアナウンス（集合時刻、乗り物の出発・到着時刻など）を聞いて、理解することができる。				
	5	簡単な道案内を聞いて、理解することができる。（例：Go straight and turn left at the next corner.)				
	6	よく使われる語であれば、単語がつながって発音されても、理解することができる。（"Come in." が「カミン」など）				

2.3 未来の自分と英語学習、自分の木

　この教材自体は、高校生版の MLM に掲載されているものをほぼそのまま使用しました。高校生版にある「未来の自分と英語学習について考えよう」「自分の木を成長させよう」の内容を B4 で見開き 1 枚、その裏面に「自分の木」を印刷し、配布しています。「自分の木」は高校生版とほぼ同じですが、中学生の段階で、自分が就く職業について具体的に考えることが難しいところもあるため、本校版では「自分の木」の 3 つの枝のうち、「仕事について」の枝を「将来について」としました（資料 1.3, p. 206）。

　またこのワークシートを扱う前に、2 年生の道徳の授業で 6 月に扱った「自分探しのマインドマップ」で、自分について情報を整理し、夏休みに行った「職業調べ」と併せて「英語学習インタビュー」を課題としました。この「英語学習インタビュー」は「職業調べ」でお話を伺う際に、その方の英語学習との関わり等について伺い、自分の将来において英語とどう関わっていくのかを考える機会を作るためです。「自分探しのマインドマップ」「職業調べ」「英語学習インタビュー」を踏まえて、「自分の木」に取り組ませる流れで用意をしました《➡詳細は、「実践編」第 1 章を参照》。

2.4 学びの記録

　こちらも高校生版 MLM を参考に、本校で使用している *NEW HORIZON English Course Book 2* の教材に沿って、Unit ごとに作成しました（資料 1.4, p. 208）。各 Unit でターゲットとなる言語材料や扱う題材をもとに、達成目標を 6 〜 7 つ程度挙げ、Unit が終わった段階で各目標がどれだけ達成されているか、自己評価します。その他、当該の Unit を学習して気づいたことを日本語で、考えたこと、感じたことを 3 文以上の英語で、それぞれ記入する欄を設けました。学習したことを自分なりに整理する、そして簡単な英語でもよいから表現することを目的としてこのような形にしました。

2.5 これからの課題

　既成の高校生版と同様、1年間の学習を振り返って、気がついたこと、がんばったこと、努力が足りなかったと思うこと、次年度、また今後将来的に取り組みたいことなどを、日本語でまとめて書き出せるように、自由記述の形にしました。MLM の構成内容は高校生版と大きくは変わらないのですが、自分の木を書かせるにあたっては、将来像を描くにあたり、どのような方向に進みたいかが見えていない生徒も多い中で、無理に書き出させても教育的な効果があるとはあまり思えません。場合によっては不安にさせることにもつながりかねません。自己分析や職業調べなどをしっかり取り組ませ、自分が好きなことや興味のあることを知ることで、進路選択につながることを伝えていくこと、そして自分が英語とどう向き合うかを考えることを指導することが大切だと思います。

資料1.3　未来の自分と英語学習、自分の木

未来の自分と英語学習について考えよう

　英語学習は「なりたい自分」に近づく道筋の1つです。1学期の道徳で取り組んだ自分についてのマインドマップで書き出した情報を思い出して、今の自分の性格や適正、得意なことや関心事を書き出してみよう。

性格：〈例〉人見知りしない、明るい、忍耐強い、集中力がある、飽きっぽい、雰囲気に流されやすいなど

得意なこと：〈例〉サッカー、ピアノ、歌、計算、絵画、たくさん漢字が書けるなど

好きなこと：〈例〉本を読むこと、スポーツ、友達とのおしゃべり、旅行など

あなたが将来成し遂げたいと思っていること（進路、人間として）：
　　進路　　：〈例〉医者、パイロット、デザイナーなど

　　人間として　：〈例〉信頼される人、自分の意見をきちんと言える人、
　　　　　　　　　　　いろいろな人の違いを理解できる人

未来のなりたい自分のイメージ：
　　（理想のイメージに近い写真を雑誌やネットで探して、下に貼って、コメントしてみよう。）
　　　　コメント　：

未来のなりたい自分のイメージと英語との関わり
（進学先、職業、趣味、海外の人々との交流などにおいて）：
「英語が使えること」は自分の世界や可能性を拡げてくれます。
あなたは将来英語とどんな風に関わっていきたいですか。

2年＿＿＿組＿＿＿番　氏名＿＿＿＿＿＿＿＿＿＿＿＿＿＿＿

自分の木を成長させよう

　未来のなりたい自分のイメージと英語学習について、例にならって、自分を1本の木に例えて、将来に向けてどのように成長させれば良いのか想像してみよう。各学期終了時に根や枝を追加、修正しましょう。枝の横に記入した日付を書きましょう。

記入方法
・大きな枝は自分に関する3つの要素（一般的な人間としての自分、将来、英語学習）
　となっています。まず、それぞれの要素について、将来成し遂げたいことを書き込みましょう。
　さらに、それに関係していると思われる具体的な項目を小さな枝として追加しましょう。
・地下に伸びる根は「成長のための栄養」について表現しています。大きな枝の3つの要素を成長
　させるために、必要な「根」を追加しましょう。
・「不安」は自分の目標を妨げる可能性です。気づいたことを記入しましょう。
・「枝、根また不安」は学習を進めながら、必要があれば追加、修正していきましょう。

（記入例）

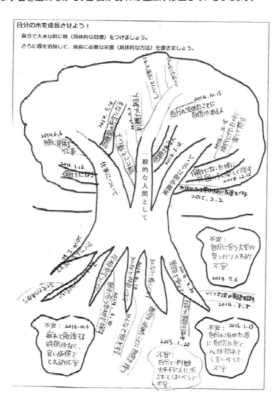

資料 1.4 学びの記録（Unit ごとの振り返りシート）

Unit 2　A Trip to the U.K.

２年（　　　）組（　　　）番　氏名（　　　　　　　　　）

題材：　休暇の予定、海外旅行、イギリスの観光地、風物
文法事項：　be going to...,　主語＋動詞＋目的語＋目的語、
　　　　　　主語＋動詞＋目的語＋名詞（目的語ではない）
自己評価の判断基準：　★★★「ふつうにできる」　★★☆「何とかできる」
　★☆☆「今は難しいからこれからがんばる」

達成目標（内容理解、言語材料、言語活動）	自己評価
観光地の紹介文を読んで、その場所の情報を理解できる。	☆☆☆
空港での搭乗案内や機内放送を聞いて、必要な情報を聞き取ることができる。	☆☆☆
自分の予定について、述べることができる。	☆☆☆
「人に何かを～する」と述べることができる。	☆☆☆
入国審査の質問を理解し、適切に答えることができる。	☆☆☆
人や物をなんと呼ぶか、述べることができる。	☆☆☆
休暇の予定について、メモを書き、それについてたずねたり、伝えたりすることができる。	☆☆☆
イギリスの国、都市、文化、風物に興味を持つ。	☆☆☆

英語表現（文法など）、題材、自分の学習などについて気づいたことを書きましょう。

この単元で考えたこと、感じたことを自由に３文以上の英語で書きましょう。

思考力・国際理解の姿勢を養う授業をめざして
筑波大学附属坂戸高等学校での作成例

福田美紀

▶1. MLM の構成

本校では、桐原書店の *WORLD TREK Communication English* シリーズを使用しています。今回、*All Aboard!* シリーズに対応して作られた MLM を参考にしながら、本校の現状に合わせて独自の MLM を作成しました。構成は既存のものと同様、下記の通りとなっています。

（1）授業で役立つ英語表現集
（2）私の英語学習プロフィール
（3）英語学習の目標と自己評価
（4）未来の自分と英語学習、自分の木
（5）学びの記録
（6）これからの課題

▶2. MLM の作成

本項では、上述の MLM の構成の中で、特に筆者の勤務校の状況に応じて作成した（3）英語学習の目標と自己評価と、同時に作成した「MLM を活用した指導計画」について述べます。

2.1 「英語学習の目標と自己評価」と「MLM を活用した指導計画」

生徒が使用する MLM の中にある「英語学習の目標と自己評価」には、1 年間の英語学習の達成目標が Can-do の形で示されています。

この Can-do リストの作成にあたっては、各単元と年間の Can-do リストの名称を明確化するため、教科書の単元の題材や言語材料を参考にしました。その中で最初に取り組んだのが、各単元のまとめの言語活動の設定

です。MLMを活用した学習の特徴は、教科書のトピックや言語材料の学習で「学んだことを使う」ことを前提として「自己表現活動」に結びつけることにあると考えられます。それらを踏まえ、各レッスンでまとめとして行う自己表現活動を計画・設定しました。

　また、先に *All Aboard!* シリーズでMLMに取り組まれていた蒲田女子高校（前勤務校）の木内美穂先生《➡「実践編」第2章》のものを参考に、レッスンごとに「題材」「言語材料」「言語活動」「達成目標」「指導方法」「留意点」をまとめた「MLMを活用した指導計画」（資料2.1, p. 217）を作成しました。これは教師用で、1年間を見通してレッスンごとにどのような言語活動を行うかをまとめたものです。それを踏まえ、どの活動をどの程度のレベルでできるようになることが望ましいかを「英語学習の目標と自己評価」（資料2.2, p. 222）に反映し、生徒に示すための文言を決めていきました。このCan-doの表現は、本校の生徒が取得をめざす英検2級・準2級のCan-doリスト（日本英語検定協会）も参照して決めました。表2.1は資料2.2の抜粋ですが、例えばその中の「将来やってみたいことや、希望について理由を挙げて説明することができる」という項目は、*WORLD TREK I* の Lesson 4 "Break Out of Your Shell" という「夢」や「希望」というテーマ、それに伴うまとめの言語活動（将来やってみたいことについて理由と共に述べること）を意識しつつ、英検準2級のCan-doリストにある、「自分の将来の夢や希望について、話すことができる。（訪れたい国、やりたい仕事など）」を参考に文言を決めました。

表2.1　「英語学習の目標と自己評価」（資料2.2）より一部抜粋

話す	4月	6月	11月	2月
自分の関心のある事柄に対して、簡単なスピーチや発表ができる。	♡♡♡	♡♡♡	♡♡♡	♡♡♡
決まり文句や習得した表現を使って簡単なスピーチや発表ができる。	♡♡♡	♡♡♡	♡♡♡	♡♡♡
将来やってみたいことや、希望について理由を挙げて説明することができる。	♡♡♡	♡♡♡	♡♡♡	♡♡♡

また、学習前にそのレッスンの目標を示してから学習を始め、終わった後に自己評価をすることになるので、分かりやすい記述文を心掛けました。

　このように、*All Aboard!* シリーズ以外の教科書を使われている先生がMLMの作成に取り組まれる場合、教科書付属の「指導計画案」「評価規準案」「Can-do リスト」に加えて、生徒の実態に応じた英検等のCan-doリストが参考になると考えられます。

2.2　学校独自の項目「インタラクション」と「国際理解・その他」

　「リスニング」「スピーキング」「ライティング」「リーディング」の4技能について、*All Aboard!* シリーズに準拠したCan-doリストと、*WORLD TREK* に即して作成したものでは、大きな差はありませんでした。「英語学習の目標と自己評価」の中で、本校で実践するにあたって独自性を加えたのが「インタラクション」「国際理解・その他」の項目でした（表2.2）。

　「インタラクション」や「国際理解・その他」に関する項目は、特にWorld Trek で定められているものがあるわけではないため、担当する生徒の性質を考えてCan-doリストを設計しました。そしてその内容は、グローバル教育における評価観点（石森2014など）や国際バカロレア（International Baccalaureate, 以下IB）の教育目標や学習者像、内容言語統合型学習（Content and Language Integrated Learning, 以下CLIL）の考え方を参考に決めていきました。

表2.2　「英語学習の目標と自己評価」（資料2.2）より一部抜粋

インタラクション	4月	6月	11月	2月
ペアやグループでのコミュニケーション活動（ロールプレイなど）に積極的に参加できる。	♡♡♡	♡♡♡	♡♡♡	♡♡♡
スピーチやプレゼンなどの自己表現活動に積極的に参加できる。	♡♡♡	♡♡♡	♡♡♡	♡♡♡
考えや意見、タイプの異なる周囲の人とも協力し、課題に取り組むことができる。	♡♡♡	♡♡♡	♡♡♡	♡♡♡

国際理解・その他	4月	6月	11月	2月
地域・国・世界の多様性（文化・価値観・信条など）を認識することができる。	♡♡♡	♡♡♡	♡♡♡	♡♡♡
自分の文化やアイデンティティを理解し、外国の人々や他者に分かりやすく説明しようと心掛けている。	♡♡♡	♡♡♡	♡♡♡	♡♡♡
グローバルな問題や課題を知り、身近な事柄と結びつけて考えることができる。	♡♡♡	♡♡♡	♡♡♡	♡♡♡
ひとつのことに対して肯定側・否定側など様々な側面から考えることができる。	♡♡♡	♡♡♡	♡♡♡	♡♡♡
英語を使って情報にアクセスし、必要な情報を集め、活用することができる。	♡♡♡	♡♡♡	♡♡♡	♡♡♡

　「インタラクション」と「国際理解・その他」設定の背景には、ネイティブスピーカーレベルの英語力を持つ生徒が存在するクラスを担当していたことと、本校がスーパーグローバルハイスクール（SGH）に認定されており、国際バカロレア（IB）の候補校（2016年12月現在）でもあることがありました。英語の授業を通して、言語表現の習得だけでなく、異なるバックグラウンドを持つ他者との協働や、国際理解の姿勢の涵養、トピックベースの学習を通した思考力を向上させたいと考えました。また「多様な文化の理解と尊重の精神を通じて、より良い、より平和な世界を築くことに貢献する、探究心、知識、思いやりに富んだ若者の育成」というIBの教育理念に沿って、生徒たちにめざすべき姿を意識づけたいと考え、このような項目を設定しました。

▶3. 授業設計と実践

　MLMの「英語学習の目標と自己評価」における「インタラクション」と「国際理解・その他」の項目の設定と、授業の設計・実践において参考にした、グローバル教育の枠組みや、IBの教育理念、CLILについて詳細を述べます。

3.1 グローバル教育

「グローバル教育」とは「ローカル、ナショナル、グローバルというレベルを問わず、地球的視野から様々な問題を捉え、多角的に物を考え、人権や文化的多様性の尊重、平和、地球環境の持続可能性を土台とし、グローバル社会に生きる市民としての自覚と責任をもって課題解決にあたろうとするグローバルシチィズン（地球市民）の育成を目指す教育」（石森 2014）のことを指します。開発教育や環境教育、平和教育、異文化理解教育、持続発展教育（ESD）などさまざまな教育が幅広く含まれています。今回「インタラクション」・「国際理解・その他」は、グローバル教育の評価手法の1つである「グローバル教育の指標」（石森 2014）を参考にしました。

本校で担当する学年やクラスの実態を鑑みて MLM に組み入れたのは、表2.2 の「国際理解・その他」の「地域・国・世界の多様性（文化・価値観・信条など）を認識することができる」「自分の文化やアイデンティティを理解し、外国の人々や他者に分かりやすく説明しようと心掛けている」「ひとつのことに対して肯定側・否定側など様々な側面から考えることができる」という項目です。そしてそれをベースにした「インタラクション」の「ペアやグループでのコミュニケーション活動に積極的に参加できる」「考えや意見、タイプの異なる周囲の人とも協力し、課題に取り組むことができる」という項目です。

本校は総合学科であり、さまざまな分野の学問を志す生徒が同じクラスの中で共に学んでいます。また、SGH に指定されたことを受け、外国につながりを持つ生徒も在籍するようになりました。つまり、クラスの中に多様性が当然のように存在しています。そのため、担当する高校1年生の英語の授業を通して、自分とは異なる人の存在をまず受け入れ、さらに協働できる姿勢を養いたいと考えました。それは、生徒にとって最も近い集団であるクラス内においても、また多くの生徒の関心が向いている「外国人」との関係性においてもそうであることが、とても重要であるからです。「英語」は、グローバル化が一層進む社会において、多様な人々とコミュニケーションを取るためのツールです。高校の英語の授業において、

言語表現の習得にとどまらず、将来、英語を用いて異なる背景を持つ人と協働する場合に必要となるマインドセット（心構え）も生徒に身につけてほしいと考えました。また、それを MLM のように折に触れて振り返ることができる、書かれた目標として設定することで、生徒に意識させることを想定しました。

3.2 国際バカロレア（IB）

　国際バカロレア（IB）は、世界中にあるインターナショナル・スクールの卒業生に、国際的に認められる大学入学資格を与え、彼らの大学進学先を確保すると共に、学生の柔軟な知性の育成と、国際理解教育の促進に資することを目的として作られた教育プログラムです。2016 年 12 月現在では、140 ヵ国以上の国々に加盟校が 4562 校あります（International Baccalaureate Organization 2013）。日本においても、政府が教育再生実行会議の第 7 次提言において、グローバル人材育成のために IB 認定校を大幅に増やすことを明言しており、多方面で注目が集まっています。

　先に述べたように、IB では多様な文化を尊重し、より平和な世界のために貢献できる若者の育成を教育理念として掲げており、めざすべき学習者像（表 2.3）として掲げられています。

表 2.3　IB の学習者像

- 探求する人
- 知識のある人
- 考える人
- コミュニケーションができる人
- 信念をもつ人
- 心を開く人
- 思いやりのある人
- 挑戦する人
- バランスのとれた人
- 振り返りができる人

（出典）International Baccalaureate Organization（2013）"IB Learner's Profile"

すでに挙げたグローバル教育の評価観点と重複する部分も多くありますが、こういったIBの学習者像の考えも「英語学習の目標と自己評価項目」を作る際、参考にしました。例えば「考える人」や「知識のある人」は、国際理解の「グローバルな問題や課題を知り、身近な事柄と結びつけて考えることができる」「ひとつのことに対して肯定側・否定側など様々な側面から考えることができる」を意識しています。「コミュニケーションができる人」は、インタラクションの「ペアやグループでのコミュニケーション活動に積極的に参加できる」に、「心を開く人」や「思いやりのある人」は国際理解の「地域・国・世界の多様性（文化・価値観・信条など）を認識することができる」「自分の文化やアイデンティティを理解し、外国の人々や他者に分かりやすく説明しようと心掛けている」に加えて、インタラクションの「考えや意見、タイプの異なる周囲の人とも協力し、課題に取り組むことができる」を意識しています。そして「振り返りができる人」というのは、ポートフォリオを用いた学習を通してめざされる自律的な学習者像そのものです。

　IBの学習者像をMLMの作成と組み合わせ、Can-doを設定することで、自律的な学習者を育てるための具体的な方策を考えることにつながりました。

3.3　思考力と国際理解の姿勢を高める授業づくり ── CLIL

　CLIL（内容言語統合型学習）とは、内容（社会や理科などの教科、または時事問題や異文化理解などのトピック）と言語（実質的には英語）の双方を学ぶ教育方法です。

　CLILは、「4つのC」で授業が組み立てられているとされます。「4つのC」とは、Content（科目やトピック）、Communication（単語・文法・発音などの言語知識や読む、書く、聞く、話すといった言語スキル）、Cognition（様々な思考力）、CommunityないしCulture（共同学習、異文化理解、地球市民意識）です。また、CLILは次の10大原則《➡「実践編」第5章参照》を満たすように教材を準備し、指導するものとされます。

　CLILの考え方は「英語学習の目標と自己評価」（資料2.2）を作成する

際に参考にした他、特に授業内でレッスンの内容や表現を用いた活動を行う時に活用しました《➡実践については、「実践編」第 5 章参照》。

3.4 独自設定部分に関して

　All Aboard! シリーズでない教科書を使用している本校では、MLM を手探り状態で作成するところからスタートしました。その中で、担当する生徒の実態を鑑み、学校のめざす教育プログラムの枠組みであるグローバル教育や IB の教育目標を用いながら、「英語学習の目標と自己評価」における「インタラクション」と「国際理解・その他」を作成しました。

　また、各レッスンのまとめとなる自己表現活動としては、CLIL の考え方を参考にしながら設定してみました。MLM への取り組みは初めてのため、まだ手探りのところもあり、改善点も多いと思います。特に、各学年で習得されるべき Can-do の項目については、もう少し検討の余地があると思います。しかし、学校の特徴と生徒の実態を考えながら、ポートフォリオを作成することは、1 年間を通した授業設計を見通し、日々の授業を改善することにつながりました。この作成の実例が、さまざまな学校での取り組みに役立つことができれば幸いです。

資料 2.1「MLM を活用した指導計画」

単元	題材	言語材料	言語活動	達成目標 (内容理解、言語活動) (全課共通の指導は1課のみ記載)	指導方法 (全課共通の指導は1課のみ記載)	留意点
1	Meet Different Cultures! 異文化理解	・受け身 ・不定詞① (名詞的用法)	説明する	・題材に関する語彙や表現を理解し、活用することができる。動物の鳴き声、対比を表す語句などの異文化の表現の場合、対比を表す語句などの異文化の表現の説明、対比を表す語句などの異文化の表現（全課共通） ・対比を表す語句に注意して、相違点を示した英文の内容を読み取ることができる。 ・本文の要点を聞き取ることができる。 ・動物の鳴き声を英語で表現することができる。 ・世界の地域によって異なるあいさつを説明する文章を作り、述べることができる。	・内容理解1（全課共通）：オーラルイントロダクションによる教師と生徒の英語によるやりとりで、内容確認を行う。(1課)：異文化に関わる写真を見せ、生徒たちに質問を投げかける。 ・内容理解2（全課共通）：Dictgloss を行い、教科書の内容をグループで要約する。 ・対訳式のハンドアウトを用いてペアでサイトトランスレーションを行う（全課共通）。 ・グループまたはペアで行ってみたい国・興味のある国の日本と異なる文化（習慣）について調べる。 （不定詞の名詞的用法を用いて） ・興味のある国について日本と比較しながら紹介する。	・英作文ハンドアウトを作成する。 ・ターゲットである受け身を用いた文を必ず1文入れるようにする（例文の提示が必要）。

2	Owen and Mzee 動物・友情	・動名詞 ・SVO (how などと+to〜) ・不定詞① (副詞的用法)	報告する	・動物保護区で起きた出来事について、その推移を読み取ることができる。 ・2つのものの比較をしたり、相違点を聞き取ることができる。／本文の要点を聞き取ることができる。 ・グループになってクイズのやりとりをすることができる。 ・大切な友人はどのような人か、自分の考えを述べることができる。	・本文の内容をハンドアウトで確認し合う。 ・絵や写真を確認しつつ、ペアでクイズの形式を取らせる。(Guess Who Game) ・大切な友人がどのような人かを書き出させる。 ・上記の理由を書き出させる。 ・それに基づいて発表させる。	・Guess Who Game の活動はペアワークで、お互いに質問をして誰のことを当てているのかを当てさせるが、やり取りが子どもにならないように、文を作成し、それを読むというプロセスが大切。
3	Sending Smiles through Picture Books 国際協力・日本文化	・現在完了 ・It〜to... (形式主語) ・SV(O)O (=that 節)	経験を述べる	・高校生たちの体験談を読んで、彼らの心情が変化していく様子を読み取ることができる。 ・物語のあらすじを聞き取ることができる。／本文の要点を取ることができる。 ・日本語の擬態語を英語で表現することができる。 ・フィリピンの教育の現状を改善するために何ができるのか、調べて発表する。	・これまでに行ったことのあるボランティアの経験を表現させる。 ・フィリピンの教育の現状について調べさせる。 ・その改善のためにできることをグループで考え発表させる。	・Lesson 3 で確認した現在完了などの表現を用いて表現させる。 ・生徒は調べ学習に慣れていないことが予測されるため、指導が必要。
4	Break Out of Your Shell 夢・希望	・不定詞③ ・最上級 ・比較級	経験を述べる 将来の夢を語る	・個人の経歴を述べた文章を、そって読み取ることができる。 ・個人の話を聞いて、経歴を聞き取ることができる。／本文の要点を取ることができる。 ・将来やってみたいことについて述べることができる。	・ペアで、英語を使って自分の経験・将来やってみたい活動をインタビューする。 ・ペアで互いを紹介する動画を作り、発表させる。	・不定詞の形容詞的用法（〜する、〜するための）の例文をいくつか作り、活動で使わせる。 ・タブレットを用いて動画を作成する。グループ発表をする。（動画作成のアプリを用いる） ・スクリーンで優秀な作品を写し、全体で共有する。

5	Soccer Uniforms Say a lot about Countries スポーツ・文化	・SVO+to〜 ・関係代名詞（主格） ・関係代名詞（目的格）	レポートする 自分の希望を述べる	・国家の代表ユニフォームのデザインが表す意味や由来について読み取ることができる。 ・国旗に関する説明を聞いて、その表す意味を聞き取ることができる。／本文の要点を聞き取ることができる。 ・国家の代表ユニフォームについて発表することができる。 ・オリンピックゲームで興味を持った競技・国家の代表ユニフォームについて調べ、発表することができる。	・自分の学校の所属団体（部活・委員会等）のユニフォームのデザインを考え、由来や意味について発表（ポスターセッション）する。	・クラスを前半と後半に分けてポスターセッションする。 ・他者の発表を聞き、質問し、意見を言えるように必要な表現を全体で共有してから行う。 ・関係代名詞を用いた表現を必ず使わせる。
6	Hokulea's Adventure 冒険・歴史	・分詞の形容詞的用法（現在・過去分詞） ・SVO+O (=what で始まる節)	説明する 意見を述べる 提案する	・地図やその他の英文の内容を参照して、対話の内容を聞き取ることができる。 ・数字に注意して、対話の内容を聞き取ることができる。／本文の要点を聞き取ることができる。 ・自分が不思議に思っていることを表現することができる。 ・観光案内員と観光客に扮して、対話を演じることができる。	・ハンドアウトを活用し、ハワイ（あるいはその他行っている観光地）の自然の魅力等について、キーワードを選ばせる。 ・上記のキーワードを使って、観光パンフレットを作成し、発表する（グループ）。	・グループごとにスクリーンに投影するか、コピーを使って紹介する。 ・本校に関係のあるインドネシアのエコツーリズム等の取り組みを参考にする。（交換留学生滞在の時期が彼らにすればイン タビュー等を行わせる）

219

No.	単元	文法項目	Can-do動詞	Can-do記述	活動	ICT活用
7	Q&A about Nature 生物・科学	・SVOC （=現在分詞） ・SVC （=過去分詞） ・SV(O)O （=if/whether節）	注意を書く 説明する	・自然界の不思議な現象について説明した英文を、理由も含めて正確に読み取ることができる。 ・生物の特徴を聞き取ることができる。/本文の要点を聞き取ることができる。 ・注意を喚起する際の英文を書くことができる。 ・生物の生態について発表することができる。	・生物の生態について疑問に思うことを英作文させる。 ・ネットで全員がそれぞれの質問を投稿し、必ず他のクラスメイトの質問に対し、答えを調べ、英語で答える。	・Edmodoなどの教育用ネットワークサービスを用いて質問をする。 ・Edmodoの使い方を共有する。（年度当初に行っても良い） ・質問が考えつかない場合に備え、いくつか日本語で例を提示する。
8	Rose O'Neill 伝記・芸術	・分詞構文 （現在・過去分詞） ・SVOC （=動詞の原形）	説明する	・人気キャラクターが誕生した経緯を読み取ることができる。 ・人気キャラクターの特徴を説明することができる。 ・英文の内容を聞き取ることができる。/本文の要点を聞き取ることができる。 ・身の回りの人や物の外観のようすを述べることができる。 ・自分が好きな品物を見せながら紹介することができる。	・板書したキーワードを使い、そのキャラクターになりきって自己紹介文を作成し、クラスで発表する。 ・ハンドアウトを使って、教師が用意した絵や写真から、思いつく英語表現を引き出す。 ・グループで好きなキャラクターを話し合わせる。 ・教科書の表現を用いながらキャラクターを紹介させる。	・好きなキャラクターについて、現物またはパワーポイントで画像を用意させる。
9	Potato Stories 食物・歴史	・過去完了 ・関係副詞 where ・形式主語	紹介する 説明する	・食べ物の歴史を読み取ることができる。 ・料理の特徴を説明した英文の内容を聞き取ることができる。/本文の要点を聞き取ることができる。 ・ある食べ物を初めて食したときの印象を述べることができる。 ・手順を示しながら料理の作り方を紹介することができる。	・自分が好きな料理をあげ、その料理の魅力・作り方を伝える活動を行う。 ・作ったレシピをEdmodoで共有し、自宅で他のクラスメイトのレシピを再現する。食べた印象や意見を英語でコメントする。	・食べ物の由来などを説明する表現に、関係副詞、過去完了を使わせる。 ・簡単な英語で書かれたレシピをいくつか例示して、自身のレシピの英作文を書かせる。

10	Mine Detection Dogs 平和・動物	・仮定法過去 ・関係副詞 how ・関係代名詞 what	発表する	・順序を示す語句に注意して、手順を示した英文の内容を読み取ることができる。 ・数字に注意して、対話の内容を聞き取ることができる。/本文の要点を聞き取ることができる。 ・順序を示す語句を使って、物事の手順を説明することができる。 ・関心のある国の歴史や言語などについて調べ、発表することができる。	・地雷とそれに関わる問題について調べ、発表する。 ・ハンドアウトを使って、戦争に関するコメントから自分の意見に近いものを選び、ノートのまとめをせる。 ・上記をグループで発表させ、賛成あるいは反対の意見を述べさせる。	・日本語のみでなく、英語での調べ学習を奨励する。 ・仮定法過去 (If I were 〜) を用いて、自分の意見を表現させる。

資料2.2 「英語学習の目標と自己評価」

下の表は、この1年間の英語学習の目標です。自分の英語力の達成度を確認しましょう。

まず、学習の始めに自分の現在の力がどのくらいあるか把握して、さらに各学期の終了時にどれくらい達成できたかを自己評価しましょう。

自己評価の仕方：自分の能力を判断して以下のように♡を塗りつぶしましょう。
♥♥♥：「ふつうにできる」／♥♥♡：「なんとかできる」／♥♡♡：「今は難しいので努力したい」

技能	自己評価			
聞く	4月	6月	11月	2月
授業中の先生の指示を聞いて理解できる。	♡♡♡	♡♡♡	♡♡♡	♡♡♡
授業中の先生あるいはクラスメイトの趣味、音楽やスポーツなどの興味・関心のある話題を理解できる。	♡♡♡	♡♡♡	♡♡♡	♡♡♡
授業で学習した題材に関して、基本的な英語で話された内容を聞いて理解できる。	♡♡♡	♡♡♡	♡♡♡	♡♡♡
簡単な内容であれば英語での説明を聞いて理解することができる。	♡♡♡	♡♡♡	♡♡♡	♡♡♡
話す				
状況に応じて、あいさつやお礼などを述べることができる。	♡♡♡	♡♡♡	♡♡♡	♡♡♡
自分の関心のある事柄に関して、簡単なスピーチや発表ができる。	♡♡♡	♡♡♡	♡♡♡	♡♡♡
決まり文句や習得した表現を使って簡単なスピーチや発表ができる。	♡♡♡	♡♡♡	♡♡♡	♡♡♡
将来やってみたいことや、希望について理由を挙げて説明することができる。	♡♡♡	♡♡♡	♡♡♡	♡♡♡
趣味、食べ物、音楽、運動、動物など身近な話題について質問したり、答えることができる。	♡♡♡	♡♡♡	♡♡♡	♡♡♡
他の人の意見を聞き、それに対する自分の感想や意見を表現することができる。	♡♡♡	♡♡♡	♡♡♡	♡♡♡
読む				
基本的な英語で書かれた日常生活の題材に関する会話や手紙などの文章を読んで理解できる。（自己紹介、友情、希望、個人の体験談、好きな食べ物、レシピ、趣味など）	♡♡♡	♡♡♡	♡♡♡	♡♡♡
基本的な英語で書かれた日本や外国の様々なテーマに関する説明文や報告書、エッセイ（異文化、環境、国際協力、科学、歴史など）を理解することができる。	♡♡♡	♡♡♡	♡♡♡	♡♡♡

日本語の注や説明がついていれば、まとまった量の英文（講義や研修の簡単な図書や資料、英字新聞など）を理解することができる。	♡♡♡	♡♡♡	♡♡♡	♡♡♡
1つのパラグラフ（段落）において構成（主題文・支持文など）を理解することができる。	♡♡♡	♡♡♡	♡♡♡	♡♡♡
書く				
物事についての印象や感想を簡単な文章で述べることができる。	♡♡♡	♡♡♡	♡♡♡	♡♡♡
自分の将来の夢や体験について簡単な文章で書くことができる。	♡♡♡	♡♡♡	♡♡♡	♡♡♡
自分の好きな活動や趣味について、簡単な文章で紹介することができる。	♡♡♡	♡♡♡	♡♡♡	♡♡♡
教科書で学習した題材について調べて、簡単な文章でまとめることができる。	♡♡♡	♡♡♡	♡♡♡	♡♡♡
物事のやり方（作り方）について順序立てて説明することができる。	♡♡♡	♡♡♡	♡♡♡	♡♡♡
Eメール、手紙などで自分の状況について簡単な文章で報告することができる。	♡♡♡	♡♡♡	♡♡♡	♡♡♡
インタラクション				
ペアやグループでのコミュニケーション活動（ロールプレイなど）に積極的に参加できる。	♡♡♡	♡♡♡	♡♡♡	♡♡♡
スピーチやプレゼンなどの自己表現活動に積極的に参加できる。	♡♡♡	♡♡♡	♡♡♡	♡♡♡
考えや意見、タイプの異なる周囲の人とも協力し、課題に取り組むことができる。	♡♡♡	♡♡♡	♡♡♡	♡♡♡
国際理解・その他				
地域・国・世界の多様性（文化・価値観・信条など）を認識することができる。	♡♡♡	♡♡♡	♡♡♡	♡♡♡
自分の文化やアイデンティティを理解し、外国の人々や他者に分かりやすく説明しようと心掛けている。	♡♡♡	♡♡♡	♡♡♡	♡♡♡
グローバルな問題や課題を知り、身近な事柄と結びつけて考えることができる。	♡♡♡	♡♡♡	♡♡♡	♡♡♡
ひとつのことに対して肯定側・否定側など様々な側面から考えることができる。	♡♡♡	♡♡♡	♡♡♡	♡♡♡
英語を使って情報にアクセスし、必要な情報を集め、活用することができる。	♡♡♡	♡♡♡	♡♡♡	♡♡♡

おわりに

　本書を終えるにあたり、外国語学習をめぐる個人的なエピソードを紹介し、しめくくりの言葉としたいと思います。

　私は大学の教員という研究職に就く以前、長く高校の現場で英語教員を務めていました。その間に、外国語の学びに関して、いくつかのきわめて重要な体験をしました。最初の体験は、勤務していた都立高校での出来事です。その学校は中国残留孤児の子弟の受け入れ校で、担任をしていたクラスにも中国からやってきた生徒がいました。個人差はありますが、私が会った生徒の多くは、親が日本に帰国するにあたり、本人の意志に関わりなく、日本名を与えられ、日本の学校に通うことになった生徒たちでした。

　学齢も中学生や高校生ぐらいになれば、自分が生まれ育った国でのアイデンティティが確立しています。それが急激な社会文化的な変化にさらされる中で、日本の学校環境に不適応を起こす場合もありました。そのような状況を目の当たりにして、言語と文化が個人の中で密接に影響し合っていることを痛感しました。言語に関する教育に携わるものとして、言語と文化は大きなテーマとなりました。その体験から、英語という言語の指導技術を学ぶだけでなく、言葉の学びについてより深く学びたいと思うようになり、その後、大学院で学ぶ機会を得て、英語教育をより広い視野で考えていくようになりました。

　また、同時に高校の検定教科書の執筆・編集にも関わるようになり、題材の選定や教科書の活用法などを検討する機会を得ました。同時期に、CEFR の Can-do リストなどが日本の教育現場でも話題になっていき、学習目標としての技能と教材の関連性も重要なテーマとして考えるようになりました。

　このような経過を経て、英語学習ポートフォリオが、英語学習者としての生徒と、それを指導する教師の両方にとって、有効な支援ツールとなるのでないかと考え、研究を始めました。そして、中学や高校の現場の先生方の協力を得て、理論的分野に加えて実践的な分野の両面からまとめたの

おわりに

が、本書となります。その際に、学校訪問の機会を与えていただいた先生方、また情報収集にご協力いただいた方や、多くの助言をいただいた方々に、この場を借りて、感謝したいと思います。

　学習ポートフォリオ自体、日本の教育環境ではまだなじみがない状況です。本書の内容も、まださらに追究していかなければならない点が多々あります。しかし、さまざまな学校現場や研究の場で、英語の学びをより豊かなものへと改善しようと努力なさっている方にとって、本書が何らかの支援となることを願っています。

　最後に、本書の出版にあたって、編集として辛抱強く協力していただいたくろしお出版の坂本麻美氏に心から謝意を述べさせていただきと思います。

2017 年 7 月　盛夏

編者　清田洋一

参考文献

秋田喜代美（2012）「学びのシステムとしての授業」『学びの心理学——授業をデザインする』（pp. 8-9）．左右社

池田真（2013）「CLIL の原理と指導法」『英語教育』62(3), 13.

池田理知子（2010）『よくわかる異文化コミュニケーション』ミネルヴァ書房

石森広美（2014）『グローバル教育の授業設計とアセスメント』学事出版

和泉晋一（2016）『フォーカス・オン・フォームと CLIL の英語授業』アルク

笠島準一・関典明（代表）（2016）*NEW HORIZON English Course.*（文部科学省検定済教科書）東京書籍

神奈川県立近代美術館（2009）『美術館はぼくらの宝物——子どもと楽しむためのガイドブック』

苅宿俊文・佐伯胖・高木光太郎（編）（2012）『まなびを学ぶ（ワークショップと学び 1）』（p. 24, 63）．東京大学出版会

岸政彦（2015）「祝祭とためらい」『断片的なものの社会学』（pp. 187-189）．朝日出版社

清田洋一（2010）「リメディアル教育における自尊感情と英語学習」『リメディアル教育研究』5(1), 37-43.

清田洋一（2011）「英語リメディアル教育におけるポートフォリオの活用——英語学習における自律性の向上」『明星大学研究紀要：教育学部』2, 43-57.

清田洋一（2013）「授業で英語を多く使うために——行動志向的アプローチのすすめ〔10〕教科書に基づく 1 年間の指導の達成目標と CAN-DO リスト」『英語教育』61(11), 48-50.

清田洋一（2014a）*My Learning Mate, I*（平成 25 年度〜 27 年度科学研究費補助金基盤研究(C)）<https://ten.tokyo-shoseki.co.jp/detail/86770/>（2017 年 7 月 27 日）

清田洋一（2014b）*My Learning Mate, II*（平成 25 年度〜 27 年度科学研究費補助金基盤研究(C)）<https://ten.tokyo-shoseki.co.jp/detail/86787/>（2017 年 7 月 27 日）

清田洋一（著者代表）（2017）*All Aboard!: English Communication I*［改訂版］（文部科学省検定済教科書）東京書籍

鈴木敏恵（2012）『プロジェクト学習の基本と手法——課題解決力と論理的思考力が身につく』（p. 18）．教育出版

大学発教育支援コンソーシアム推進機構（n.d.）「活動コンセプト——協調学習：多

様な考え方を生かす学習のあり方」<http://coref.u-tokyo.ac.jp/concept>（2016年7月9日）

高島英幸（2014）『児童が創る課題解決型の外国語活動と英語教育の実践』高陵社書店

高松智行（2009）「蓮池通信」<http://museum.group-rough.net/?cid=62830>（2016年7月7日）

田中茂範（2011）「なぜ「プロジェクト型」学習なのか――英語教育における可能性」『英語教育』60(9), 10-12.

玉井健（2009）「リフレクティブ・プラクティス――教師の教師による教師のための授業研究」吉田達弘・玉井健・横溝紳一郎・今井裕之・柳瀬陽介（編）『リフレクティブな英語教育をめざして――教師の語りが拓く授業研究』(p. 120). ひつじ書房

投野由起夫（編）(2013)『英語到達度指標 CEFR-J ガイドブック――CAN-DO リスト作成・活用』大修館書店

西山教行・細川英雄・大木充（編）(2015)『異文化間教育とは何か――グローバル人材育成のために』くろしお出版

日本英語検定協会（2006）「英検 Can-do リスト一覧」<http://www.eiken.or.jp/eiken/exam/cando/list.html>（2017年3月2日）

バークレイ, E. F.・クロス, K. P.・メジャー, C. H.（2009）『協同学習の技法――大学教育の手引き』（安永悟監訳）ナカニシヤ出版

バイラム, M.（2015）『相互文化的能力を育む外国語教育――グローバル時代の市民性形成をめざして』（細川英雄監修, 山田悦子・古村由美子訳）大修館書店

久村研（2011）「リフレクションを促すアクション・リサーチ」石田雅近・神保尚武・久村研・酒井志延（編）『英語教師の成長――求められる専門性（英語教育学大系 第 7 巻）』(p. 196). 大修館書店

久村研・酒井志延・清田洋一（編）(2014)『言語教師のポートフォリオ 現職英語教師編』（神保尚武監修）JACET 教育問題研究会

ベアコ, J.-C.（2015）「CEFR/CEFR-J の言語共通参照レベル（A1-C2）を導入する言語教育の課題（2014 年 9 月 14 日夏期公開研修会基調講演抄録）」（堀晋也訳）『言語教師教育』2(1), 14-19.

ベネッセ教育総合研究所（2014）「中高生の英語学習に関する実態調査 2014」<http://berd.benesse.jp/global/research/detail1.php?id=4356>（2016年5月5日）

ベネッセ教育総合研究所（2015）「中高の英語指導に関する実態調査 2015」<http://berd.benesse.jp/global/research/detail1.php?id=4776>（2016年5月5日）

堀晋也（2016）「省察に関する理論のレビュー──日本の言語教育の文脈化に向けて」『言語教師教育』3(1), 56-57.

松坂ヒロシ（著者代表）(2014) *POLESTAR English Communication II.*（文部科学省検定済教科書）数研出版

文部科学省（2008）「学士課程教育の再構築に向けて（審議経過報告）（案）用語解説（案）」資料 8-2 <http://www.mext.go.jp/b_menu/shingi/chukyo/chukyo4/018/gijiroku/08022508/003.htm>（2016 年 6 月 12 日）

文部科学省（2013）「各中・高等学校の外国語教育における「CAN-DO リスト」の形での学習到達目標設定のための手引き」<http://www.mext.go.jp/a_menu/kokusai/gaikokugo/1332306.htm>（2016 年 6 月 13 日）

文部科学省（2015）「平成 26 年度　英語教育改善のための英語力調査事業報告」<http://www.mext.go.jp/a_menu/kokusai/gaikokugo/1358258.htm>（2016 年 6 月 21 日）

Byram, M. (2008) *From foreign language education to education for intercultural citizenship: Essays and reflections.* Bristol: Multilingual Matters.

Council of Europe（2004）『外国語学習 II ──外国語の学習、教授、評価のためのヨーロッパ共通参照枠』（吉島茂・大橋理枝訳編）朝日出版社．[Council of Europe (2002) *Common European framework of reference for languages: Learning, teaching, assessment.* Cambridge University Press.]

Dörnyei, Z., & Ushioda, E. (2009) *Motivation, language identity, and the L2 self.* Bristol: Multilingual Matters.

Farrell, T.S.C., & Jacobs, G.M. (2010) *Essentials for successful English language teaching.* London: Continuum.

GTEC for STUDENTS can-do statement (2011)「フィードバック」<http://www.benesse-gtec.com/fs/pdf/ab_feedback/can-do_statements.pdf>（2016 年 6 月 13 日）

Hock, M.F., Deshler, D.D., & Schumaker, J.B. (2006) Enhancing students motivation through the pursuit of possible selves. In C. Dunkel, & J. Kerpelman (Eds.), *Possible selves: Theory, research and application* (pp. 205-221). New York: Nova Science.

International Baccalaureate Organization (n.d.) Facts and Figures. Retrieved from http://www.ibo.org/about-the-ib/facts-and-figures/ (2016, December 31)

International Baccalaureate Organization (2013) IB Learner's Profile. Retrieved from http://www.ibo.org/contentassets/fd82f70643ef4086b7d3f292cc214962/

learner-profile-en.pdf［文部科学省（n.d.）「IB の学習者像」<http://www.mext.go.jp/a_menu/kokusai/ib/__icsFiles/afieldfile/2015/02/09/1353422_01.pdf>（2016 年 12 月 31 日）］

Kubanyiova, M. (2012) *Teacher development in action: Understanding language teachers' conceptual change.* UK: Palgrave Macmillan.

Language Policy Division (2004) European Language Portfolio (ELP): Principles and guidelines with added explanatory notes, Version 1.0. Strasbourg: Council of Europe. (DGIV/EDU/LANG (2000) 33rev.1 Revised in June 2004) <http://www.coe.int/t/dg4/Linguistic/Source/Guidelines_EN.pdf>

Little, D. (2006) Learner autonomy: drawing together the threads of self-assessment, goal-setting and reflection. Strasbourg: Council of Europe. <http://archive.ecml.at/mtp2/Elp_tt/Results/DM_layout/00_10/06/06%20Supplementary%20text.pdf>

Little, D. (2009) The European language portfolio: Where pedagogy and assessment meet. Strasbourg: Council of Europe. DGIV EDU LANG (2009) 19. <https://rm.coe.int/CoERMPublicCommonSearchServices/DisplayDCTMContent?documentId=0900001680459fa5>

Little, D. (2012) The European language portfolio: History, key, concerns, future prospects. In B. Kühn, & M.L.P, Cavan (Eds.), *Perspectives from the European language portfolio: Learner autonomy and self-assessment.* (pp. 7-21). London: Routledge.

Little, D., & Perclová, R. (2001) European language portfolio: Guide for teachers and teacher trainers. Strasbourg: Council of Europe. <https://rm.coe.int/CoERMPublicCommonSearchServices/DisplayDCTMContent?documentId=0900001680459fa6>

Newby, D. (Ed.)(2012) Insights into the European Portfolio for Student Teachers of Languages (EPOSTL). Cambridge Scholars Publishing.

Newby, D., Allan, R., Fenner, A.-B., Jones, B., Komorowska, H., & Soghikyan, K. (Eds.)(2007) The European Portfolio for Student Teachers of Languages (EPOSTL). ECML/Council of Europe.

Newby, D., Fenner, A., & Jones, B. (Ed.)(2012) Using the European Portfolio for Student Teachers of Languages (EPOSTL). ECML/Council of Europe.

Schön, D.A. (1983) *The reflective practitioner: How professionals think in action.* 61, New York: Basic Books.

Trim, J.L.M. (1978) *Some possible lines of development of an overall structure for a European unit/credit scheme for foreign language learning by adults.* Strasbourg: Council of Europe.

Zubizarreta, J. (2009) *The learning portfolio* (pp. 21-25). San Francisco: Jossey-Bass, A Wiely Imprint.

Zubizarreta, J., & Columbia College, SC (2008) The learning portfolio: A powerful idea for significant learning. *The IDEA PAPER #44,* The IDEA Center Manhattan, Kansas. <http://www.ideaedu.org/Portals/0/Uploads/Documents/IDEA%20Papers/IDEA%20Papers/IDEA_Paper_44.pdf> (2016 年 7 月 10 日）

索 引

C
Can-do リスト　13, 24, 108, 117, 210
CEFR（ヨーロッパ言語共通参照枠）　13, 14
CEFR-J　27
CLIL（内容言語統合型学習）　63, 180, 215
CLT（Communicative Language Teaching）　32

D
Diversity　33

E
EFL（English as a Foreign Language）　39, 177
ELP（ヨーロッパ言語ポートフォリオ）　17

I
IB（国際バカロレア）　99, 211, 214

J
J-POSTL（言語教師のポートフォリオ）　52

L
Learner Autonomy（学習者の自律性）　20, 33, 54

M
MLM（My Learning Mate）　70, 73, 82, 87

S
SGH（スーパーグローバルハイスクール）　99, 176

あ
アクション・リサーチ　51
アクティブ・ラーニング　5, 55, 164

い
異文化間能力　39
異文化コミュニケーション　40
異文化体験（intercultural experience）　22
異文化適応（interculturality）　16
異文化理解能力　79
インストラクション・デザイン　50
インタビュー　110, 129
インタラクション　78, 144, 211

え
英語学習ポートフォリオ　vi, 6, 9, 15, 20, 23, 31, 32, 33, 34, 45, 50, 70, 87, 96
エッセイ・ライティング　134

お
欧州評議会（Council of Europe）　14
欧州連合（European Union）　14
オーセンティック　119
オーセンティック素材　182, 185

か
外国語学習ポートフォリオ　13
外国語としての英語（English as a

231

foreign language） 39, 177
外国語の学習、教授、評価のための
　　ヨーロッパ共通参照枠（Common
　　European Framework of Reference
　　for Languages: Learning, teaching,
　　assessment, CEFR） 13, 14
学習意欲の向上　82, 125, 154, 155
学習業績　12
学習者の自律性（learner autonomy）
　　20, 54
学習者の多様性　34
学習者の能力　34
学習習慣　102
学習証拠　12
学習の画一化　34
学習の関連づけ　12
学習評価　12
学習への省察　12
学習ポートフォリオ　10
学習目標　12
可視化した目標　29
課題解決策の提案　57
家庭学習の習慣　104, 124

き

基礎段階の言語使用者（Basic User）
　　26
技能習得　33
技能統合型の言語活動　3
キャリア教育　105
教員の同僚性　155
教科横断的　55, 98
教師の気づき　190
教師の役割　34, 49

協調学習（collaborating learning）
　　67, 164
協同学習　57
共同作業　11

く

クラスルーム・ディベート　129, 132
グローバル化　vi
グローバル教育　195, 213, 215
グローバルシティズン（地球市民）
　　213
グローバル人材の育成　vii

け

言語学習記録（language biography）
　　18
言語教師のポートフォリオ（J-POSTL）
　　52
言語材料　33
言語使用の行動基準　15
言語パスポート（language passport）
　　18
言語文化資本　16
現実的課題　55
検定試験　159

こ

行動志向の言語学習　149
行動志向の言語観　14
行動の基準　76
交流型の学び　55
国際バカロレア（International
　　Baccalaureate, IB）　99, 211, 214
国際理解　194, 211, 215
根拠資料　11

し

ジグソー活動　163
自己イメージ　37
思考力　36, 43, 194
自己省察　11
自己表現能力　4
実践的な英語指導　159
質的評価　10
実用英語技能検定　159
指導ポートフォリオ　10
自分との対話の機会　35
自分の成長の記録　170
社会的行為者（social agent）　14
社会文化的要素　43
授業改善　33, 125, 155
授業設計　33
熟達した言語使用者（Proficient Users）　26
生涯学習　15
職業調べ　110
自立した言語使用者（Independent Users）　26
自律的学習者　152, 215
自立的学習者　35
資料集（dossier）　18
進路指導　105

す

スーパーグローバルハイスクール（SGH）　99, 176

せ

省察力　44
生徒主体の授業　177
生徒と共に学ぶ教師　49

そ

相互評価　128
相互文化的市民　41

た

体験型の学習　58
他者との関係性　41
他文化との共生　60
多様性の尊重　57, 59, 60

ち

知識構成型ジグソー法　68, 164
長期的な目標　30

て

テスティング　120

と

動機づけ　51
到達度評価　10
同僚性　98
ドリル型の学習　36

な

内容言語統合型学習（Content and Language Integrated Learning, CLIL）　63, 180, 215

に

苦手意識　98, 139, 141, 142
日常の異化　46
日本英語検定協会　28

は

発表活動評価シート　130

パフォーマンス・テスト　77, 129, 163

ひ

否定的な態度　142
批判的思考力（critical thinking）　43
評価方法の見直し　125

ふ

複言語　16
複言語使用者（plurilingual）　16
複文化　16
振り返り（reflection）　44
プロジェクト型学習　36, 44, 55, 61
文化への気づき（cultural awareness）
　　21

へ

平和的共存　17

ほ

ポートフォリオ　ix, 10, 11, 12, 13

ま

マインドマップ　108
学びのプロセス　8
学びの羅針盤　50

め

メンタリング　11

も

文部科学省検定済教科書（検定教科書）
　　30

よ

ヨーロッパ言語共通参照枠（CEFR）
　　13, 14

ヨーロッパ言語ポートフォリオ（ELP）
　　17

り

理想的な外国語使用者　38
リメディアル教育　6

執筆者紹介

清田洋一（きよた・よういち）＊編者
明星大学教育学部教授。東京大学総合文化研究科言語情報科学博士課程単位取得満期退学。専門は、英語教育、英語教師教育、英語リメディアル教育。主な著書に『新しい時代の英語科教育の基礎と実践 ── 成長する英語教師を目指して』（共著、三修社）、『英語教師の成長 ── 求められる専門性』（共著、大修館書店）、*All Aboard!: Communication English, I〜Ⅲ*（編集代表、東京書籍）などがある。本書「理論編」「開発編」担当。

木内美穂（きうち・みほ）
東京女子学院中学校・高等学校教諭。日本大学文理学部教育学科卒業。専門は、英語教育。本書「実践編」第2章担当。

齋藤理一郎（さいとう・りいちろう）
群馬県立太田フレックス高等学校（昼間部定時制）教諭。群馬大学大学院教育学研究科英語教育専修修了。特別支援教育士（S.E.N.S）としてインクルーシブ教育に取り組む。本書「実践編」第3章担当。

鶴田京子（つるた・きょうこ）
川口市立県陽高等学校教諭。早稲田大学教育学研究科英語教育専攻修了。埼玉県公立学校教諭を経て現職。専門は、英語教育、協働学習。本書「実践編」第4章担当。

福田美紀（ふくだ・みき）
筑波大学附属坂戸高等学校教諭。筑波大学大学院教育研究科スクールリーダーシップ開発専攻修了。専門は、英語教育、国際理解教育。本書「実践編」第5章、「作成編」第2章担当。

松津英恵（まつづ・はなえ）
東京学芸大学附属竹早中学校教諭。東京学芸大学大学院教育学研究科修了。専門は、英語教育学。本書「実践編」第1章、「作成編」第1章担当。

英語学習ポートフォリオの理論と実践
自立した学習者をめざして

発　行	2017 年 9 月 7 日　初版第 1 刷発行
編　者	清田洋一（きよたよういち）
発行人	岡野秀夫
発行所	株式会社くろしお出版
	〒 113-0033　東京都文京区本郷 3-21-10
	TEL: 03-5684-3389　FAX: 03-5684-4762
	URL: http://www.9640.jp　e-mail: kurosio@9640.jp
装　丁	黒岩二三（Fomalhaut）
印刷所	シナノ書籍印刷株式会社

©Yoichi KIYOTA, 2017 Printed in Japan　　ISBN 978-4-87424-738-9　C1082
● 乱丁・落丁はおとりかえいたします。本書の無断転載・複製を禁じます。